파아나두라 대논쟁

파아나 두라 대논쟁

불교인가 기독교인가?
한 나라의 운명을 바꾼
불교와 기독교의 대논쟁!

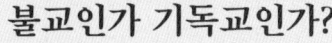

석오진 편역

온주사

Pānadurā Vādaya by Mohottiwatte Sri Gunananda Thero Translation or Report and Commentary. Into Korean "Buddhism or Christianity, a historical evidence" by Ven. Dr. Seok, Oh Jin(Han-ik, KIM)

Published by Unjusa, Seoul
Printed in Republic of Korea.

ⓒ 2001 Seok, Oh Jin

First Edition: November 2001
Revised Edition: March 2019

Preface: Prof. Dr. Hajime NAKAMURA.(Professor Emeritus, University of Tokyo. Japan.)

Illustrator: Prof. Koucho NISHIMURA.(Professor Emeritus, Tokyo University of Fine Art and Music, Japan.)

Translator and Editor: Ven. Dr. Seok, Oh Jin(Han-ik, KIM)(Lecturer, of The Eastern Institute. Tokyo, Japan.)

Published by The Unjusa Press

3F, 67-1, Dongsomun-ro, Seongbuk-gu, Seoul, 02832, Republic of Korea.

පානදුරේ වාදය

(වර්ෂ 1873 ක්වූ අගෝස්තු මස 26 වෙනි දින උදය 8 පටන් 9 දක්වා
දාවිත් ද සිල්වා පාදිලි උන්නාන්සේ කළ කථාව)

පසුගිය ජූනි මස 12 වෙනි දින වැස්ලියන් දෙවස්ථානයෙහි මා විසින් දේශනාවක් කළාය. ඒ දේශනාවේදී සර්වඥයාගේ ආස්මය ගැන බුදාගමේ පොත්වල දක්වා තිබෙන අන්දම විස්තර වශයෙන් කියා දුන්නාය. මගේ ඒ දේශනාවට විරුද්ධව බුදාගමේ දේශනාකාරයෙක් එම මස 19 වෙනි දින දේශනාවක් කළාය. මෙකී දේශනා දෙක පිළිබදවූ මේ වාද කථාව යට ගත්තාය. එව නිසා අදත් ඒ දේශනාවේදී මා විසින් ගෙණ හැර දක්වූ කාරණාව විස්තරව කියා දෙමි. ඒට විරුද්ධව බුද පක්ෂයෙන් යමක් කියන්ට හැකි නම් කියා පෙන්වා දුන්නාවේ. අපි දේපක්ෂය කියන කාරණා වලින් පිළිගත යුතුව තිබෙන්නේ කොයි පක්ෂයේ සිඞ්ධාන්ත කියා විනිශ්චය කිරීම මේ සමූහයාටම භාරවෙයි.

බුදාගමේ ප්‍රකාරයට මනුෂ්‍යයාට ආත්මයක් ඇත්තේ නැත. කුසලාකුසල කම් කරණම තැකැත්තාට එහි විපාක ලැබෙන්නේ නැත. ඒ බව බුදාගමේ පොත්පිලින්ම පෙන්වා දෙමි. සත්වයා සකඣ වශයෙන් පසකට බෙදා තිබේ. ඒ පස නම් රූපස්කන්ධය වේදනාස්කන්ධය සඤ්ඤස්කන්ධය සංස්කාරස්කන්ධය විඤ්ඤාණස්කන්ධය යන යන පසය. ඒ බව සංයුක්ත සහියෙහි කියා තිබේ.

"පඤ්චුවත් හික‍ඞාවේ ඔඛේදේදිස්සාම්" යනාදියෙන්ද "යෙහි කෙ ච සංඛාරා අතීතානාගතා" යනාදියෙන්ද වේ. තැවතද උප දුතසකඣාය ගැන්ද එසේමය. "කතමෙ ච හික‍ඞාවේ පඤ්දුපාදනක ඛඣා" යනාදියෙන්ද පඤ්දස්කන්ධය ගැන බී කී වචනම කියා රූපුපාදස්කන්ධය මෙය යනාදි වශයෙන් කියා තිබෙනවාය. තැවතද "යෙහිකෙහි හික‍ඞාවේ සමණාවා ව්‍රාහමණාවා" යනාදි සංයුක්තසහියේ පාඨයෙන්ද සත්වයාට ඇති සියල්ලම පඤ්චස්කන්ධය යටි අන්ති බව කියා තිබෙනවාය. මේ බව ත්‍රිපිටකයේ බොහෝ තැස්වලද ක්‍රමයසේබරයේ —

පඤ්කදසකෙලෙ	යේ
දුත්තම් වේග එමේ	යේ
රුවෙසිස් සත් රා	යේ
යකර විත් තැත තම්හන් මේප	යේ

ගත මේ කවියෙන්ද ජේණවාදූ,

싱할라 원본 첫 페이지

이 논쟁에 임했던 불교 측 대표 구나난다 스님의 동상(파아나두라)

논쟁이 행해졌던 장소에 세워진 랑콧트 사원(파아나두라)

이 논쟁으로 인해 발심하여 스리랑카 불교 부흥 운동의 선구자가 된 아나가리카 다르마파아라 동상(콜롬보시 비하라 마하디비 공원)

서양인으로서 처음으로 불교도가 된 미국인
육군 대령 올코트 동상(콜롬보 역 광장)

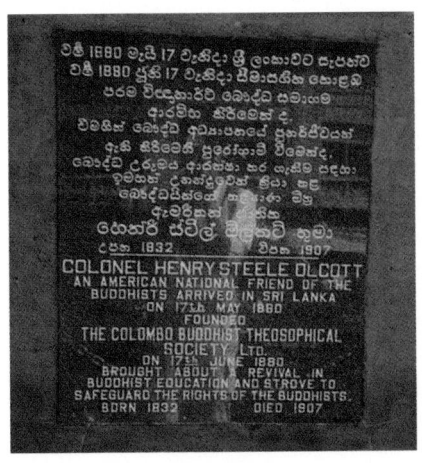

올코트 대령과 메담 볼라바츠키가 5계를 받은 스리랑카 남부 항구도시 골이라는 마을에 위치하고 있는 부자야난다 사원

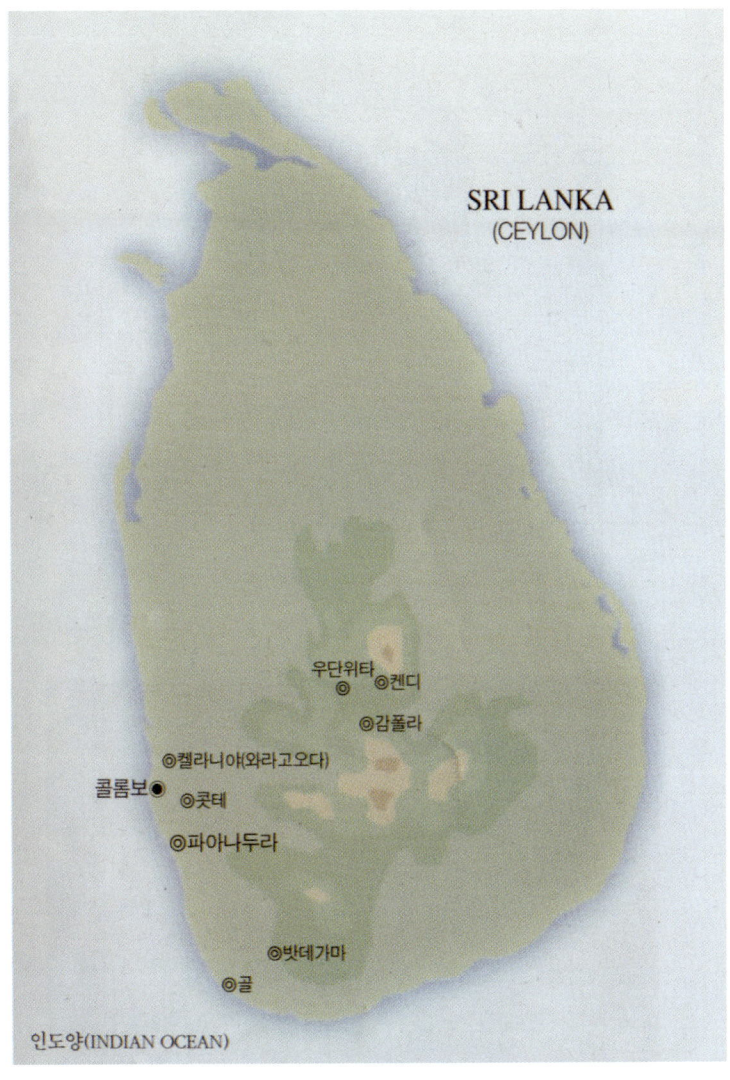

스리랑카 주요 도시 및 논쟁지

헨리 스틸 올코트

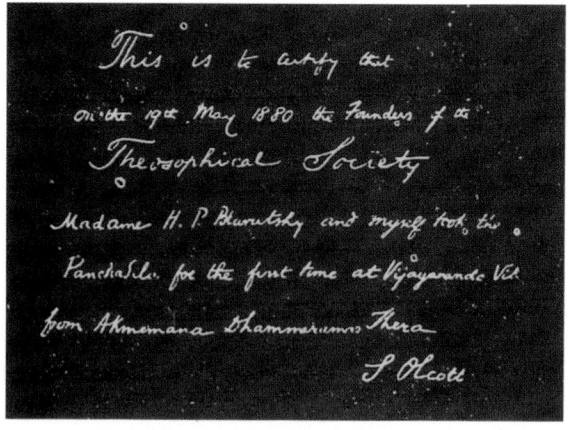

부자야난다 사원 벽에 기록한 올코트 대령의 직필

한국 독자 여러분께

과거 인류 사상사에서 서로 다른 두 종교가 대립해 논쟁을 개시했을 경우, 양자 서로 전문가로서의 관점에서 일반인들이 간과하기 쉬운 문제들에 대해서 지식을 부여하고 상호간의 반성을 촉구해 상호 이해에의 길을 여는 일도 있었습니다.

그러나 경우에 따라서 그 논쟁의 배후에서는 각자의 종교 교단의 이해관계가 앞을 다툰 경우도 적지 않았습니다.

그런데 이번에 석오진 스님에 의해서 소개되는 『파아나두라 대논쟁』은, 단지 앞 세기世紀에 스리랑카의 조용한 마을 파아나두라Pānadurā에서 행해진 논쟁의 소개만으로 끝나는 것이 아니고, 동양과 서양의 종교 문명에 반성의 기회를 주었으며, 그 반성을 통해서 모든 종교의 협력 또는 세계 평화에의 길을 열고 있습니다.

이 논쟁을 계기로 해서 미국의 올코트 육군 대령을 위시한 사람들은 모든 종교의 본질적인 일치를 자각하고 신지협회(神智協會, The Theosophy Society)를 설립하여 세계 모든 종교 간의 협력의 길을 걷게 되었습니다.

일본에서도 편협한 폐불廢佛정책의 움직임을 시정하고 국수주의적인 민주주의를 버려 세계를 바라보는 보편주의적인 불교운동이 일어났으며, 그 지도자였던 하라탄잔(原坦山, 1819~1892) 스님 등은 이 올코트 대령을 위시한 사람들의 운동의 영향을 받았습니다. 그리고 전통 불교도 새롭게 변천하려고 하고 있습니다.

이 중요한 역사적 의의가 있는 스리랑카 파아나두라에서 행해진 종교적 대론對論이, 지금까지 서양 사람들에 의해서 또는 동아시아 사람들에 의해서도 고려됨이 없었습니다만, 지금 한국인인 석오진 스님에 의해서 한국은 물론 아시아 여러 나라들, 그리고 서양 각국에 널리 주지周知하게 되었다고 함은 한국 국민으로서는 세계에 자랑할 수 있는 위대한 성과인 것입니다.

민족과 종교의 차이를 초월해 한 사람이라도 많은 분들이 이 책에서 받은 은혜를, 한 물결이 일만의 파장을 격동시키는 것과 같이 계속적으로 세계로 전할 것을 기대합니다.

                          1996年 4月 8日
                        日本 東京 東方學院에서
                              中村 元

• 中村 元(나카무라 하지메): 동경대학 명예교수, 일본 학사원 회원, 문학박사, 동방학원장, 일본 문화훈장 수상자.

> 이 글은 이 책의 한국어판 출판을 준비하던 당시에 쓰인 글로, 당시 여러 사정으로 한국어판 출판이 미루어지게 되었으며, 中村 元 박사님께서는 1999년 10월 10일 동경 자택에서 세수 86세로 입적하셨다. 생전에 한국어 출판을 보고치 못했음을 죄송하게 생각하며, 삼가 박사님의 영전에 늦게나마 이 책을 올리는 바이다.

일본어판 나카무라 하지메 박사 감수 서문

세계적인 불교의 정의를 내리기 위해 석오진 스님은 여기에 한없이 큰 문제를 제기하고 있다. 그것은 여기에 전개되고 있는 『기독교인가 불교인가－역사의 증언』의 일본어 번역 간행이다.

스리랑카 서해안의 한 촌락에서 전 세기에 행해진 대론對論이라고 하면 어느 정도의 의의意義가 있는가, 독자는 의심할지 모르나, 조금 과장해 말하면 세계 사상적인 의의를 가지고 있는 것이다.

기독교 전도사 및 목사와 불교의 승려 구나난다와의 대론이 행해져 그 자초지종을 기록한 영문 번역을 읽은, 미국 남북전쟁 때 북군北軍의 영웅이었던 올코트 대령이 구나난다 스님의 거듭해서 설하는 도리道理에 감격한 나머지 불교 신자가 되어 결국 스리랑카에 건너갔다. 그는 대단한 결의를 가지고 자기 스스로 1880년에 인도 마드래스에 '불교 영지협회(佛敎靈智協會, The Buddhist Theosophical Society)'를 설립하고 잃어버린 고귀한 정신문명의 해명에 헌신했다. 여기에서 교육을 받은 사람이 불교 부흥 운동의 위대한 지도자 다르마파아라이다. 그는 1893년 미국 시카고에서 개최된 세계 종교회의에 참석하기 위해 가던 도중에 하와이에서 포스터 부인과 만났다. 하와이 왕족의 혈육을 받은 부인은 마음의 눈을 떴다. 일생에 한 번뿐인 해후邂逅였지만 멸해 가는 캐나카족(Kanaka: 원래 하와이 말로서 '인간'이라는 뜻으로 하와이와 폴리네시아 원주민)의 운명을 예감하고 있었던 포스터 부인은 전 재산을 다르마파아라에게 바쳤다. 인도의 베나레스 교외에 있는 녹야원鹿野園에 불교 대사원大寺院이 건설된 것은 이 포스터 부인의 자금 보시에 의함이 크며, 그곳에 일본의 저명한 화가 노우스(野生司香雪) 화백이 불전佛傳 벽화를 그렸다. 구나난다의 절규가 계속해 꽃을 피게 하고 그 열매를 맺게 해, 드디어는 우리들의 정신적 시야에까지 미치게 했던 것이다.

스리랑카의 구나난다 스님이 미국의 올코트 대령을 정신적으로 각성시킨 것이 실은 일본에서의 불교 부흥의 원동력이 되었다. 명치유신明治維新 때의 불상을 파괴하고 불교를 경시하는 정책이 펼쳐진 뒤인 명치 11년, 하라탄잔(原坦山: 조동종 승려)이 동경제국대학에서 사상 처음으로 강의를 담당해『대승기신론大乘起信論』을 강의한 것이 불교 부흥의 시작이라고 생각하고 있지만, 실은 하라탄잔에게 그와 같은 확신을 일으키게 한 것은 올코트 대령의 말이었다.

하라탄잔은 불교를 인도철학이라 부를 것을 오히려 적극적으로 추거推擧한 것 같다. 하라는 명치 20년(1887) 2월 동경제국대학 문과대학에서 "인도철학요령"이라는 제목으로 연설했을 때 "올코트 씨가 말하기를 '릴리전(religion, 宗敎)이란 말은 불교에서 사용함이 타당치 않으며 불교는 오히려 도의철학道義哲學이라 불러야 한다'고 했으며, 나는 곧 심성철학心性哲學이라고 말함이 적당하다고 생각하며, 본교本校에서 인도철학이라고 개정함은 극히 당연하다고 할 것이다"라고 말하고 있다.(《哲學雜誌》 1冊, 3호, 明治 20년, p.105)

놀랍게도 1875년 뉴욕에 설립되어 인도, 실론 등의 불교 부흥 운동의 원동력이 된 신지협회(神智協會, The Theosophy Society)의 창시자 헨리 스틸 올코트Henry Stell Olcott의 영향을 하라탄잔은 받고 있었던 것이다. 그리고 일본에 있어서 인도철학 강의라 함은 하나의 크나큰 세계사적인 움직임의 파동波動이라 볼 수 있을 것이다.

불상을 파괴시키고 불교를 경시하는 정책 뒤의 일본에 있어서의 불교 부흥이라 함은, 풀뿌리에서 싹이 혼자서 생성해 나오는 것과 같이 부흥한 것이 아니다. 스리랑카에서 구나난다 스님이 시작한 기동력起動力이 드디어는 하라탄잔으로 하여금 행동을 일으키게 한 것이다.

스리랑카 변두리에서 행해진 이 대론은 결코 일본인에게도 무연無緣한 것이 아니다. 일본의 정신 부흥은 이 대론에 의해서 격발激發되고 있었던 것이다.

석오진 스님은 이 논쟁에 주목해 그 기록을 온전히 번역하였다. 영문 번역본에 도움을 청하면서 싱할라어 원문을 하나하나 참조해 잘못됨이 없도록 완전을 기하였다.

이 책 출판에 대해서 "한국어로 번역해 한국에서 출간하면 어떻겠는가?"라고 말했더니 지금은 여러 가지 사정으로 한국어 출판이 어렵다는 이야기를 들었다. 이에 나는 한국의 종교 사정은 잘 모르지만 "의義를 보고 행하지 않음은 용기가 없음이라(見義不爲無勇也)"고 생각해, 내가 주재하는 재단법인 동방연구회東方研究會 논문집 『동방東方』 제3호(1987년) 이하 수차에 걸쳐서 연재하도록 했다. 이 책은 여러 측면에서 큰 의의가 있는 노작勞作이라 생각한다. 여러 방면의 많은 분들이 일독一讀하시고 비판을 권하는 바이다.

1995년 3월 18일

中村 元

편역자 해설

이 책의 일본어판 제목은 『기독교인가 불교인가—역사의 증언』이지만 이것은 어디까지나 이 책 내용에 의한 제목이며, 『The Panadura Controversy』(F. Katukolihe; Pānadura Vādaya, 1948, Lankaputhra출판사, Colombo)의 완전 번역이다.

지금부터 128년 전 1873년 8월 26일·28일, 당시 실론(현재 스리랑카) 파아나두라Pānadurā 마을에서 불교도와 기독교인 사이에 교리 논쟁이 행해졌다. 이미 네덜란드 식민지 지배가 끝나 영국 지배(1796~1948)에 돌입한 시대였다. 복잡한 역사적 경위가 있지만, 식민지 지배와 결합해 선교宣敎하는 기독교인과 자신들의 아이덴티티를 불교에서 구하는 싱할라인은 이 논쟁을 통해 격돌했다. 싱할라인은 고래古來로부터의 스리랑카 주민으로서 오늘날에도 총인구의 80%를 차지하고 그 대부분의 사람들이 불교도이다.

이 논쟁의 모습은 당시 스리랑카의 대표적인 신문인 〈실론 타임즈〉의 존 캅퍼John Capper 씨에 의해 상세히 보도되었고,

이것이 뒷날 더욱 상세하게 같은 신문사 편집인 손에 의해 싱할라어 단행본으로 발행되게 되었다. 이것을 또 많은 사람들의 간청에 의해서 카투콜리히Katukolihe 씨가 영역英譯한 것이 이 책자의 원본이다.

이 책은 편집인 서문, 이 논쟁을 행하기 위한 불교·기독교 양측이 조인한 협정서協定書, 그리고 이틀간 오전 8시부터 10시까지, 오후 3시부터 5시까지 하루에 4시간 종합 8시간에 걸쳐, 각자 상호 한 번에 1시간씩 종합 4회·4시간씩 자신의 시간을 갖고 논쟁한 것을 상세하게 기록한 것 등으로 구성되어 있다.

이 책의 번역에는 『Pañca Mahā Vādaya(5대논쟁)』(T.S. Dharmabandhu: Anula Press 1955) 싱할라어판을 상시 참조했다. 내용 중 파알리 불교 성전 인용문은 파알리 성전협회(PTS)의 원전과 조회 확인했다. 성경 인용문은 재단법인 대한성서공회 간刊 『성경전서』 1960년 번역서를 사용했다.

1873년 8월 26일과 28일 양일간 1만 명의 군중들 앞에서 행해진 이 종교적 논쟁은 '대화對話'가 아닌 어디까지나 '대론對論'이며 '논쟁論爭'이다. 승부를 다툰 것으로서 그 결과는 불교측의 승리로 끝났다고 말하고 있다. 그것은 논쟁 당시 우연히 스리랑카에 왔던 미국의 학자 J.M. 피블스Peebles 박사가 뒷날 저술한 『The Great Debate, Buddhism and Christianity, Face to Face』

(Colombo 1955)의 서문에서 "(불교·기독교) 양측 모두 자신들의 지원자를 가지고 있어 언제나와 같이 양방이 자신들의 승리를 주장했다. 공평하고 객관적인 견해를 가졌다고 보이는 사람들에게 각종 인상을 내가 들은 바에 의하면, 불교측 승려는 인성과 태도가 훌륭한 대론자討論者이며 그리고 일반 민중의 마음을 자기 것으로 하고 군중들을 자신에게 끌어들였다. 일부 기독교인이 논쟁 결과에 불만족이었던 것은 확실하다"라고 설하고 있음에서도 충분히 알 수 있다.

또 H.R. 페레라Perera는 "논쟁이 불교측 승리로 돌아간 것은 분명하다"고 말하고 있다.(『Buddhism in Ceylon』, Kandy 1966, p.69)

그 승패勝敗의 판정은 별도로 한다 해도, 이 논쟁은 스리랑카인에게 불교도로서의 긍지와 자신을 불러 일으켰으며 양식 있는 기독교인들에게까지도 감명을 주었다. 뒷날 인도의 불교 성지·불교 부흥 운동을 지도한 마하아보디·소사이어티(Mahābodhi Society; 大菩提會)를 창설한 A. 다르마파아라Dharmapāla도 말석에 앉아 젊은 정열을 불태우고 있었다. 이 논쟁이 역사적으로 스리랑카를 불교국으로서의 명맥命脈을 명실상부하게 유지하고 현대 테라바다 불교, 즉 남방 상좌부 불교의 재생再生에 공헌한 대단히 중요한 일이었음은 부정할 수 없는 사실이다.

그러나 오늘날 이 책을 번역 간행함에 있어 종교적인 의미와 의의도 또한 검토하지 않으면 안 된다. 왜냐하면 오늘날은 불교와 기독교의 '대론', 그것도 교리의 우열을 다투는 '논쟁'은 그 의미를 상실하고 있기 때문이다. 이 두 종교뿐만 아니라 세계 각 종교의 세력 분포는 거의 고정되어 있어, 대규모적인 개종이나 포교의 가능성은 얼마 없다. 그리고 또 서로 다른 종교 간에 교리상의 논쟁을 하는 시대는 지나갔다. 종교적 논쟁은 결국 논쟁을 위한 논쟁과 대론에 지나지 않으며 전진적이고 건설적인 것은 그 무엇 하나 산출해 내지 못한다고 인식하게 되었다. 특히 1963년 이후는 기독교 측의 제종교 융화諸宗敎 融和 자세가 보인다. 불교 전승傳承에서는 원래 타종교가 무엇을 하건 간에 방해받고 싶지 않으며, 방해도 하지 않는다고 하는 기질과 역사가 있어 적극적으로 남을 비판하며 논파 척결시키는 자세는 특별한 교리와 교단을 제외하고는 그렇게 많지 않다. 이에 대해 일신교一神敎는 체질적으로 배타성이 강하지만 그래도 시대는 크게 변화되어 불교와 기독교에 관한 한 이미 '대론'이나 '논쟁(controversy)'이 아니고 '대화(dialogue)' 시대에 돌입하고 있는 것이 세계적인 추세다. 사실 종교계에서나 학계에서도 대화를 위한 제반 사항의 노력이 행해지고 있다.

그러나 1800년대의 스리랑카에서는 그 상황이 달랐다. 원래 스리랑카에서 불교는 왕실의 보호 하에 있었으며 국교國敎로서의 지위를 점유하고 있었다. 그러므로 구왕령舊王領을 영국 왕실에게 양도한 1815년의 캔디조약 제5조에는 "불교 불가침不可侵·보호"가 기록되어 있다. 식민지 지배의 실권을 얻은 영국도 처음에는 불교 승단을 보호했다. 그러나 이와 같은 정책에 대해 영국 기독교 교단은 스리랑카 및 영국 본토 내에서 모두 입을 모아 항의를 해, 기독교 정부가 불교의 전통을 인정함은 대단한 잘못이라고 강력하게 주장했다. 기독교 측의 강력한 압력은 19세기 중반에는 총독 J.A. Stewart Mackenzie(1837~1841)로 하여금 대 나야카 터에로(Mahā Nayaka Thero)의 임명 승인을 거부하기까지에 이르렀다. Mahā Nayaka Thero란 불교 교단의 최고 지위로서 종정宗正직에 속하며, 실질적으로 가톨릭의 교황과 같은 권위를 보유하는 직위이다. 이 임명장에 서명하지 않음은 불교의 공적인 지위를 부인함에 연결되는 것이다. 이 같은 경향이 점차로 강해져 정책면에서 기독교가 우선권을 갖게 되었다. 근세에서 근대에 이르기까지 기독교가 유럽 열강의 식민지 정책과 동조해 상호보완하고 있었던 것은 주지周知하는 바와 같은데, 여기 스리랑카에서도 예외는 아니었다.

불교의 활동은 제한되고 기독교에로의 개종改宗이 강제화되었다. 예컨대, 출생한 아기는 세례를 받지 않으면 주민으로서

등록할 수가 없었으며, 결혼도 마찬가지였다. 모든 기회를 통해 기독교는 원조를 받았으며, 불교의 포교·교육 활동은 소외疎外되게 되었다. 불교도로서의 자존심은 손상되고 자립성도 잃게 되었다. 기독교의 선포宣布는 종교상의 문제가 아니고 스리랑카인의 문화와 아이덴티티에 관계되는 문제가 되었다.

특히 기독교인도 자신들의 종교를 단지 정책이라고만 의식하고 있었던 것은 아니다. 기독교인은 기독교야말로 유일하고 절대적 신앙이라고 마음속으로부터 믿고 있었으며, 어떠한 수단과 방법을 다해서라도 기독교를 넓히는 것이 기독교인으로서의 당연한 의무라고 생각하고 있었다. 자신의 신앙을 넓힘이 인간으로서 해야 할 최선의 길이라는 생각이 식민지 정책과 병합하게 되었다 해도 이상한 일이 아니었다. 이 시각에서 보면 기독교 이외의 종교는 일체가 사이비 종교이며 그 신자는 비천한 인간임에 틀림없었다. 이와 같은 사고방식은 영국 국교회國教會 히바 사교司教가 지은 다음의 유명한 '실론(스리랑카)찬가'에 여실히 나타나고 있다.

향기로운 바람이 스쳐가니
향기로운 향내음을 날라주어
실론(스리랑카)의 섬을 덮어주네.

행복이 충만한 가운데

낮고 천박한 것은 오직 인간들뿐

사랑의 마음이 흘러 넘쳐서

하나님만이 은혜의 말씀을 설해도 아무 소용이 없으며

눈이 먼 사교도邪敎徒들은

나무와 돌에다 엎드려 머리를 숙이며 절을 하네.

(Bhiksu Sangharakshita: Anagārika Dharmapāla)

  이와 같은 상황에서 불교도들이 위기감을 갖게 됨은 당연한 것으로서, 자신들의 전통을 재검토하고 불교도로서의 자각을 촉구하려고 하는 움직임이 나타나게 되었다. 기독교인을 상대로 교리의 옳고 그름, 적부適不適을 논하는 대론도 행해졌다. 1865년 밧데가마에서의 논쟁, 1866년 우단비타에서의 논쟁, 1871년 감폴라에서의 논쟁 등이 그것이며, 이런 여러 논쟁의 귀결이 파아나두라에서의 논쟁이었던 것이다. 이 논쟁에서의 승리는 당시 스리랑카 불교도들에게 불교도로서의 긍지를 되찾게 해주고 대단한 자신감과 기쁨을 주었다고 전하고 있다.

  독자들은 이 책을 읽은 후 혹 교리 논쟁의 공허감을 느낄지도 모른다. 오늘날의 우리들은 '대화'시대에 생존하고 있다. 불교도이건 기독교인이건 각자가 자신의 신앙을 깊게 해 실천해감이

최선의 길일 것이다. 각자의 신앙의 근저根底에 있어서 진실하게 살아가는 종교인만이 서로 수긍하고 인정하는 것이 가능하며 그것이 '대화'라 함일 것이다. 이렇게 되어야 처음으로 서로 다른 신앙과 세계관을 갖는 사람들이 서로 이해하며 경의를 표하고 마음으로부터 손을 맞잡을 수가 있다. 오늘날 갖가지 형태로 '대화'는 현실적으로 행해지고 있으며, 금후今後에도 발전시켜야 할 것이다.

그러나 이와 같은 '대화'는 일조일석一朝一夕에 이루어진 것은 아니다. 여기에 이르기까지에는 서로 다른 종교 신도들 간의 상호 불신과 근거 없는 멸시와 중상, 그리고 불화不和의 역사가 존재하고 있다. 갖가지 역사적인 경위와 시행착오의 결과로서 '대화'는 익어 왔던 것이다. 이러한 의미에서 파아나두라 논쟁은 '대론'이 '대화'로 발전하는 역사의 귀중한 증언이라 보아도 좋을 것이다. 그 의의를 아는 것은 '논쟁'의 어리석음을 다시금 확인하고 '대화'의 의미를 새롭게 인식함으로 이어지는 것이다.

그러나 실은 현대에 있어서도 불모不毛의 논쟁과 중상이 불교와 기독교인들 간에서 행해지고 있다. 필자는 조계종에 적籍을 두고 있는 승려로서, 오늘날 우리 한국에서 야기되고 있는 종교적 편견으로 인한 불화와 압박은 경악을 금할 길이 없다.

예를 들면, 1987년 충남 천안에 독립기념관이 세워진 것은 주지하는 바이다. 이 기념관 앞 정원 설계를 의뢰 받은 한국 예술계 원로가 정원에 백의민족白衣民族을 상징하는 백련白蓮을 심고자 해서, 몸소 나서서 멀리 지방에까지 내려가 어렵게 구해다 심었다고 한다.

그 후 백련이 잘 크는지 보기 위해 가 보았더니, 그 연못에는 한 포기의 백련도 없이 빈 못만 덩그러니 있었다. 그 까닭을 알아봤더니, 놀랄 만한 사실을 알게 되었다. 즉, 독립기념관에 새로 부임해 온 관리 책임자가 왜 이런 곳에 불교의 꽃을 심어 놓았느냐고 화를 내면서 당장 뽑아 치우라고 해서 그리됐다는 것이다. 지금도 안내판에는 '백련못'이라 확실하게 기록되어 있는데 8천 평 가까운 그 백련못에 연은 한 포기도 없다.

이런 현상은 지금도 계속되고 있으며 결코 독립기념관만이 아니다. 경복궁과 창덕궁에서도 마찬가지 현상을 볼 수 있다.

불교에 대한 박해가 극심했던 조선왕조 때 심어서 가꾸어져 몇 세기를 아름답게 피어 왔던 연꽃이 뽑혀 나간 이 수난을 우리는 어떻게 받아들일 것인가.

양식 있는 지식인들은 탄식하고 있다. "꽃에게 물어보라. 꽃이 무슨 종교의 예속물인가. 불교 경전에서 연꽃을 비유로 드는 것은 어지럽고 흐린 세상에 살면서도 거기 물들지 말라는 뜻에서

다. 불교 신자들은 연꽃보다 오히려 백합이나 장미꽃을 불전에 더 많이 공양하고 있는 실정이다. 아아! 연못에서 연꽃을 볼 수 없는 그런 시대에 우리가 지금 살고 있다."(東亞日報 칼럼, 1993. 7. 25)

다음과 같은 실화도 있다. 육군의 어떤 지휘관이 군 법당의 불상을 모두 쓰레기통에 버리고 법당을 철거하게 한 사건이다. 일부 기독교인들은 이에 찬동했고, 일시적이나마 이에 격노한 불교도들과의 사이에 종교 분쟁이 일어날 상황 직전에까지 이르기도 했다. 그 후(1993. 6) 사건을 일으킨 당사자인 군 지휘관이 공식 사죄하여 표면적으로는 일단락 지어진 것으로 보이지만, 그 후에도 많은 문제점이 대두되고 있었다. 그래서 국방부 육해공군 군정감 및 실무자들은 1993년 6월 17일 상기의 사건과 관련하여 모임을 갖고 ①타종교에 대한 비방 및 방해 등의 금지, ②신자 획득을 위한 개종改宗강요 행위 금지, ③종파 간 의견 존중 등을 결의하게 되었다.(한국일보, 1993. 6. 18)

이러한 결의를 하게 되지 않으면 안 되었던 것은 군 내의 상황이 결코 상기한 사건에 한정된 것이 아님을 의미한다.

그리고 이와 같은 현상은 군뿐만이 아니며 우리나라 일반 사회에서도 어렵지 않게 찾아볼 수 있다. 그 실례를 일일이 소개함이 이 책의 목적은 아니다. 필자가 말하고 싶은 것은 이와 같은 종교적 편견과 그로 인한 부정의不正義가 횡행하는 우리 사회의 오늘날의 상태가 식민지 시대의 스리랑카의 사회 현상과 그렇게 다를 바가 없음을 지적하고 싶었던 것이다. 그리고 주로 기독교 측에서의 불교 교리에 대한 잘못된 선전과 중상의 현실이 파아나두라 논쟁에서의 대론과 흡사함에도 주목하지 않으면 안 된다.

이것은 앞 세기世紀 스리랑카만의 이야기가 아니다. 오늘날 우리 한국의 문제이다. 많은 사람들에게 신뢰를 받아야 할 종교가 일방적으로 중상모략함을 이제는 그만두어야 한다고 필자는 생각한다. 그래서 필자는 파아나두라 논쟁을 거론한 것이다. 불교와 기독교 상호 관계사關係史의 한 토막으로서의 역사적 의의와 함께 오늘날 종교가들의 반성 재료로서도 이 논쟁은 대단히 중요한 것이라고 생각한다.

이 책은 실은 1987년에 한국어판으로 출판하도록 되어 있었다. 물론 필자는 이 책의 내용과 의의를 상세히 설명했으며 위에서 말한 정신도 피력했다. 출판사도 원고를 충분히 검토한 후 기꺼이 계약을 마쳤던 것은 같은 해 봄이었다.

그러나 1개월 후 계약은 출판사측이 일방적으로 파기했다. "이 같은 과격한 논쟁을 출판할 수가 없다. 지금은 대화시대이므로……"라는 것이 그 이유였다.

필자는 낙담천만이었다. 이에 일본 유학 이래 공사 모든 면에 지도를 주시는 나카무라 하지메(中村 元) 박사님께 상의를 드렸다. 박사님께서는 그 자리에서 "그와 같은 사정이 있다면 이 중요한 책을 한국어뿐만이 아니라 일본어로도 상세한 소개를 하는 것도 중요한 일이 아닌가. 일반 출판사에서 출판에 문제가 있다면 동방학원東方學院 연구논문집 『동방東方』에 실으면 어떻겠는가?"라고 추천해 주셨다. 그리하여 『동방』 제3호(1987년)부터 제8호(1992년)까지 6회에 걸쳐 연재할 수 있었다. 그것도 연재 제1회에서는 박사님의 귀중한 '서문'을 실어 주신 영광을 받을 수 있었다. 상기 『동방』에 연재를 끝냈을 때 좀 더 많은 사람들이 읽을 수 있도록 단행본으로 출판할 것을 나카무라 박사님께서 추천해 주시고, 출판사까지 몸소 선택, 출판사 사장에게 추거推擧해 주셔서 지난 1995년 9월 동경의 "산키보 불서림(山喜房佛書林)"에서 일어판을 출간할 수가 있었다. 또한 나카무라 박사님께서는 이 책의 감수까지도 쾌히 승낙해 주시고 명문의 감수 말씀까지 실어 주셨다. 그리고 이번 한국어 출판에 있어서도 "한국 독자 여러분께"라는 극히 과분한 서문까지 아끼지 않으셨다. 박사님의 은혜에 어떻게 보답해야 할지 필설로서 표현이 불가능하다. 오직 만감萬感의 심경뿐이다.

 이 책이 한국어판으로 햇빛을 볼 수 있었던 것은 도서출판

운주사 김시열 대표님의 인본주의와 진리 탐구에 힘을 다하시는 열의, 그리고 스태프진 여러분의 헌신적인 진력盡力에 의함이라고 생각한다. 이 자리를 빌려 깊은 사의를 표하는 바이다. 그리고 이번 한국어판 출판에 있어서 많은 조언과 다방면에 걸친 은혜를 주신 전 법보신문 주필 박경훈 선생님과 동국대학교 불교대학 교수 강혜원姜慧諼 박사님, 원광대학 사범대학의 김철金哲 박사님의 깊은 배려에 감사를 올린다.

이 책의 원본인 싱할라어판 및 영역본을, 비장본秘藏本임에도 불구하고 쾌히 제공해 주신 마에다 에가쿠(前田惠學) 박사님의 은혜를 잊을 수가 없다. 그리고 공사다망하심에도 불구하고 천학淺學인 필자를 위해 이 논쟁을 위시한 제반에 걸쳐 친절하고 정중한 지도를 아끼지 않으신 나라 야스아키(奈良康明) 박사님(東京 고마자와대학 전 총장)의 자비의 은혜가 없었던들 이 책의 집필이 어려웠을 것이다. 마음속 깊이 감사를 올리는 바이다.

그리고 이 책 가운데 두 번 다시 얻을 수 없는 멋진 삽화를 그려 주신 니시무라 고오쪼(西村公朝) 선생님(東京藝術大學 名譽敎授)의 심은深恩에 깊이 감사드린다.

마지막으로 이 책 번역에 있어서 항상 예리한 견해와 조언으로 협력을 아끼지 않으신 법우法友 수마나사아라 스님(Thero Alubomulle Sumanasāra, 전 스리랑카 국립 케라니야대학 교수)을 잊을 수가 없다. 그리고 일본 유학 이래 전인격적으로 연구에 전념할 수 있는 환경을 조성해 주신 김교성金敎誠 선생님, 성도행成道行 여사님께 깊은 감사를 드리며, 또 본 원고의 정서에 힘써 주신 전 주일 한국대사관 국방무관실 이선우李善雨 님에게 이 자리를 빌려 사의를 표하는 바이다.

이상과 같은 많은 반연의 은혜로 인해서 일본어 출판 시에는 불교서적 판매 베스트셀러의 순위를 유지했으며, 〈일본경제신문日本經濟新聞〉, 〈산케이신문(産經新聞)〉, 〈추가이닛보(中外日報)〉, 〈불교타임스〉 등 일본의 각 언론에 특종기사로 보도되어 지금 현재도 화제의 책으로서 군림하고 있을 수 있다고 생각하며, 다시금 반연의 모든 분들께 깊은 감사를 올리는 바이다.

2001년 10월 10일
석오진釋悟震 삼가 기록함

한국 독자 여러분께　　　　　　　　　　13
일본어판 나카무라 하지메 박사 감수 서문　17
편역자 해설　　　　　　　　　　　　　21
머리말　　　　　　　　　　　　　　　37
불교와 기독교 양측에서 승인한 논쟁의 조건　43

첫 번째 논쟁　45

데이비드 데 실바 목사의 연설 • 47

데이비드 데 실바 목사의 이론에 대한
　　모호티왓테 구나난다 스님의 대론 • 57

두 번째 논쟁　77

데이비드 데 실바 목사에 의한 대론 • 79

불교의 대표자 모호티왓테 구나난다 스님의 대론 • 88

세 번째 논쟁 103

시리만나 전도사가 행한 대론 • 105

모호티왓테 구나난다 스님의 대론 • 121

네 번째 논쟁 149

데이비드 데 실바 목사가 행한 대론 • 151

데이비드 데 실바 목사에 의한 반론을 승려
모호티왓테 구나난다가 대론 • 163

5대 논쟁지에 대한 현지답사 보고서 • 205

참고문헌 • 233

머리말

스리랑카[1] 불교의 세력이 그 힘을 잃기 시작한 것은 유럽인이 들어오면서부터이다.

그들의 가장 중요한 목적은 자신들이 신앙하는 기독교를 이 나라 전역에 걸쳐 전파하는 것이었으며, 이 시기가 스리랑카 불교의 암흑기였다고 할 수 있겠다.

유럽의 지배자들은 스리랑카의 유지들에게 종교의 선택에 따라 지위와 권력, 계급을 주었으며 정부 요직에 임명했다. 따라서 그들은 신앙심에서 기독교를 신봉했다기보다는 자신들의 생활과 이득을 위해서 기독교를 신봉하지 않으면 안 되었던 것이다. 이와 같은 사정은 당시 스리랑카 전역에 걸쳐 극히 일반적으로 알려진 사실이다.

유럽인들의 이러한 편중적인 정책으로 인해서 스리랑카의

---

1 스리랑카(Sri Lanka): 인도양 최남단에 위치하는 섬나라로, 남방 불교국 중에서도 파알리pāli어에 의한 불교 성전 연구의 전통을 이어오며 그 전통을 생활화한 전통적인 상좌부 불교국.

많은 유지들에게서, 자신들의 이익을 위해서 가일층 많은 개종자들이 나오게 되었다.

여기에서 나는 불교 철학에 관해서는 아무것도 논하지 않겠다. 왜냐하면 모든 철인哲人들이 불교 철학의 중요성을 익히 인정했기 때문이다.

스리랑카가 영국의 식민지가 되었을 때, 영국인들은 기독교의 전파를 위해 많은 힘을 썼지만 기독교 세력은 스리랑카 해안 주변 일부에 그쳤다.

그러나 이 나라의 수도인 콜롬보시에서 불교도는 자신이 불교도라는 걸 말할 수 없었으며, 콜롬보시 가두 내에서는 승려들의 탁발²도 금지되었다.

이것은 스리랑카 불교도들에게는 역사상 경험치 못했던 최악의 상황이었으며 암흑시대였다. 이와 같은 시대로부터 벗어나기 위해서 자신이 희생되어도 좋다고 생각한 스님이 한 분 계셨다. 모호티왓테 구나난다(Mohottiwatte Gunananda; 1823~1890)라고 하는 스님이었다. 그는 분기奮起해 1871년 6월 9일과 10일, 감폴라Gampola라는 지방의 한 학교에서 처음으로 기독교인들

---

2 탁발托鉢: 걸식, 행걸行乞이라 하며, 손에 발우를 들고 먹을 것을 얻으러 다니는 것. 이것은 스님들의 검소한 생활을 나타내며, 또한 아집我執·아만我慢을 없애고, 보시하는 이의 복덕을 길러 주는 의미에서 행해져 왔다.

과 논쟁을 행하게 되었다. 그리고 그 후에 파아나두라Pānadurā[3], 밧데가마Baddegama, 우단위타Udanwita, 그리고 와라고다Waragoda에서 기독교인들과 공개 토론을 했다.

이와 같은 공개 논쟁이 있었음을 알게 된, 그 당시 대단히 독실한 기독교 신자였던 미국인 육군 대령 올코트Olcott[4]와, 같은 기독교인이며 동조자인 메덤 블라바츠키Blavatsky는 불교에 감명 받아 불교를 회복시키기 위하여 스리랑카에 입국해서 포교활동을 시작했다.

---

3 파아나두라Pānadurā: 스리랑카 최대 도시인 콜롬보에서 남방으로 약 15마일 정도 떨어진 해안 마을.

4 올코트(Henry stell Olcott, 1832~1907): 미국 남북 전쟁의 영웅으로 육군 대령 출신. 독실한 기독교도로서, 같은 기독교인이며 동조자인 메덤 블라바츠키(러시아인, Madame Helena P. Blavatsky)와 함께 1875년 미국 뉴욕에 Theosophical Society(신지협회新智協會)를 설립하였다. 그러나 영문으로 된 파아나두라 대논쟁을 읽고 깊은 감명을 받아 1880년 5월 논쟁지인 스리랑카에 동료 블라바츠키와 함께 입국하여 스리랑카 남부 항구 도시 골Galle의 위자야난다 대사원(Wijayananda Mahā viharaya)이라는 곳에서 불교에 귀의하였다. 이 나라에서 서양인으로서는 처음으로 불교도가 되어 동년 6월 불교신지협회(佛敎神智協會, The Buddhist Theosophical Society)를 조직, 불교도의 자제들이 불교 교육을 받을 수 있도록 불교 학교를 세우고, 석가 탄신일을 국가 공휴일로 제정하도록 영국 정부에 권유하고 불교기를 제정하는 등, 스리랑카 불교 운동의 선구자로서 지금도 스리랑카 국민들에게 존경받는 존재이다.

그러한 논쟁들 중에서도 파아나두라 마을에서 행해진 "파아나두라 논쟁"은 그 시대적 상황을 볼 때 가히 획기적이라 하겠다.

이 논쟁의 모습은 〈실론 타임즈〉(Times of Ceylon) 신문의 존 캅퍼John Capper 씨에 의해 상세히 보도되었고, 이것이 뒷날 더욱 상세하게, 같은 신문사 편집인 손에 의해 싱할라어(Sinhala: 스리랑카 민족어) 단행본으로 발행되게 되었다.

여기에서 나는 싱할라어를 잘 모르는 사람들에게도 이 역사적인 논쟁을 보다 알기 쉽게 전하기 위해, 또한 존경할 수 있는 많은 지식인들로부터 영문으로 번역해 줄 것을 의뢰 받아 이 글을 번역했다.

이 논쟁은 1873년 8월 26일과 28일에 걸쳐 '파아나두라'라는 조용한 마을에서 행해졌다. 그것은 1만 명이 넘는 불교도들과 기독교도들이 모인 가운데 행해졌으며, 모호티왓테 구나난다 스님은 불교를 대표해서, 데이비드 데 실바Davith Desilva 목사님과 시리만나Sirimanna 전도사님은 기독교를 대표해서 논쟁이 행해졌다.

그 자리에는 당시 스리랑카 불교를 대표하였던 힉카두웨Hikkaduwe의 수망갈라Sumangala 스님을 필두로 파아나두라의 구나라타나Gunaratana 스님, 와스키두웨Waskaduwe의 수부티Subuti 스님, 웰리가마Weligama의 수망갈라 스님이 배석했다.

기독교를 대표해서는 S. 런던London 목사님, R. 타브Tab 목사님, S. 촐스Cauls 목사님, C. 자야싱하Jayasingha 목사님, P. 로드리고Rodrigo 목사님 그리고 시리만나Sirimanna 전도사님과 자야싱하Jayasinha 변호사, 무다리야르Mudaliyar 씨, S. 데 소이사De Soysa 씨, 그 밖의 여러 인사들이 배석했다.

이 논쟁의 결과, 불교와 기독교 그 어느 쪽이 옳고 그릇되었는지 판단하기 이전에 한쪽에 치우침 없이 객관적인 입장에서 이 책을 읽는다면 그 답은 자연히 당신 스스로 판단할 수 있을 것이다.

끝으로 이 책의 출판에 즈음하여 이 책을 영역英譯해 주신 핀칸다 도단두와Pinkanda Dodanduwa의 칸투코리헤(F. Kantukorihe) 씨에게 깊은 감사를 드리는 바이다.

그리고 이 책을 깨끗이 출판해 주신 랑카푸트라Lankaputra 출판사의 스태프진에게 감사를 표하며 이 책의 출판권은 본인에게 있음을 밝혀 두는 바이다.

모호티왓테Mohottiwatte
바라피티야Balapitiya에서
구나와루다나(P.P. Gunawardana)가 머리말을 기록함

불교와 기독교 양측에서 승인한 논쟁의 조건

1_ 논쟁은 구술口述로써 행해야 한다.
2_ 논쟁은 양측에서 기록한 다음, 기록자는 자신의 서명을 한 뒤 대담자에게 그 기록문의 인정 서명을 받아야 한다.
3_ 대담자는 인용하는 책과 논문의 명칭을 정확히 밝혀야 한다.
4_ 한 사람의 대담 시간은 1시간으로 한다.
5_ 첫 시간은 기독교 측에 부여하고, 그 시간은 불교의 허위성을 제시하기 위해서만 사용할 것. 그 다음 시간은 불교 측에 부여하고, 불교 측은 불교의 허위성에 관한 기독교의 주장에 대해 필히 변론한 후 기독교의 허위성에 대해 반론해야 한다.
6_ 이 논쟁은 8월 26일, 28일에 행한다.
7_ 논쟁 시간은 오전 8시부터 10시까지, 그리고 오후 3시부터 5시까지 행한다.
8_ 양측 어느 쪽도 논쟁 중 소동을 일으키지 않도록 책임져야 한다.
9_ 논쟁 중 논쟁자 이외의 모든 사람은 조용히 들어야 한다.

그리고 이 협정서에 서명을 한 사람은 청중들이 평온하고 냉정을 기하도록 그 책임을 부여한다.

10_ 파아나두라 팟티야Pānadurā Pattiya 마을의 돔바가하왓타 Dombagahawatta라는 곳에 이 논쟁을 위해서 특별히 일층 건물을 지을 것을 인정한다.

이 협정서는 불교를 대표해서 쿠루쿠라스리야Kurukulasuriya, 콜네리스Cornelis, 페레라Perera, 아푸하미Appuhami, 그리고 기독교를 대표해서 마테스Mathes, 수와리스Suwaris, 구나와르다나Gunawar-dana 씨가 협정했음.

위에 관한 조건을 인정 확인 후 양측에서 1873년 7월 24일에 조인했음.

첫 번째 논쟁

데이비드 데 실바 목사의 연설

1873년 8월 26일 오전 8시부터 9시까지

1872년 6월 12일, 저는 웨스린[5] 교회에서 불교 경전이 중생의 영혼에 관해서 무엇을 말하고 있는가에 대해서 설교했습니다. 그리고 같은 달 19일 어떤 불교 포교사가 저에게 와서 반론을 제기했습니다.

이와 같은 저의 두 번에 걸친 설교에 관해서 논쟁이 시작되었던 것입니다. 저는 여기에서 전에 말씀드린 설교 내용을 좀더 구체적으로 설명할까 합니다.

제가 지금부터 말씀드리는 것에 조금이라도 반대 의견이 있으면 사양 말고 말씀해 주시길 바랍니다. 왜냐하면 청중이신 여러

---

[5] 웨스린Wesleyan: 존 웨스리(John Wesley, 1703~1791, 영국의 목사)가 창시한 기독교의 한 교파. 감리교회임.

분들이 기독교와 불교 양측 중 어느 쪽이 타당한가를 판가름하셔야 하기 때문입니다.

불교에 의하면 사람들의 영혼은 없다고 합니다. 그리고 선과 악을 행한 자들이 그 행위 결과에 관계없이 어떠한 과보도 받지 않는다는 것을, 저는 불교인들이 신봉하는 불교 경전을 통해서 증명해 보이도록 하겠습니다.

『상유타 니카야(상응부 경전)』[6]라는 경전에 의할 것 같으면 "인간은 다섯 개의 개체(5蘊)로 분류된다"고 합니다. 즉, 그것은 루파스칸다(rūpaskanda, 신체), 베다나스칸다(vedanaskanda, 감각), 산냐스칸다(saññāskanda, 생각, 상념, 想蘊), 산카라스칸다(saṅkahāraskanda, 외부 반응에 대해 내부에서 일어나는 의지를 중심으로 한 모든 인식), 빈냐나스칸다(viññānaskanda, 마음, 의식)를 말합니다.

또한 "집착(upādāna, 애착)"[7]도 5종류로 분류하며 "중생이라는

---

[6] 『상유타 니카야(Saṃyutta nikāya, 相應部)』: 파알리어 삼장三藏 중 하나로서 5품 56상응 2,875경으로 결집되어 있으며, 한역漢譯경전의 『잡아함경雜阿含經』에 해당한다. 상유타 니카야라는 말은 서로 관계가 있는 것들을 모아서 분류시킨 성전이라는 의미이다.

[7] 우파다나upādāna: 다섯 가지 생멸하고 변화하는 것에 대한 집착. 다섯 가지의 감각 대상에 대한 감각적 집착에서 일어나는 5종류의 색色, 성聲, 향香, 미味, 촉觸을 향락하는 세속적인 인간의 욕망과 집착을 말한다.

존재는 이 다섯 가지의 구성 요소 이외에는 아무것도 없다"는 것을 『상윳타 니카야』뿐만 아니라 불교 경전의 여러 곳에서 찾아볼 수가 있었습니다. 즉 "색色, 수受, 상想, 행行, 식識이라고 하는 다섯 가지의 구성 요소는 모두 괴로움뿐이다"라고 기록되어 있으며, 이와 같은 표현은 스리랑카에서 극히 보편적으로 읽히고 있는 『카비야세카라Kavyasekara』라는 유명한 시편에도 확실히 기록되어 있습니다.

그리고 중생은 12처[8]로 분류된다고 하며, 또 다른 부분에서는 "인간은 육체와 마음으로 구성되어 있다"라고 말하고 있습니다.

그리고 마음이라는 것은 감각, 두뇌에 나타나는 이미지, 인식이라고 하는 세계를 가리키며, 그렇기 때문에 4개의 개체, 다시 말해서 물체(rūpa, 色), 감각(vedana, 受), 생각(saññā, 想), 외부로부터의 인식(saṅkhāra, 行)은 마음(정신)과 육신(nāma rūpa, 名色)이라고 하는 것을 알 수 있습니다.

도대체 마음 또는 정신(nāma, 名)이란 무엇일까요? 그것은 감각感覺과 지각知覺 및 차별差別이라고 합니다.

그리고 또 "육신과 마음이라고 하는 것은 물질 또는 육체

---

8 12처處: 6근六根, 즉 안眼·이耳·비鼻·설舌·신身·의意 근과 육경六境, 즉 6종류의 인식 대경對境, 곧 색색·성聲·향香·미味·촉觸·법法 경을 말한다. 이 6근과 6경이 접촉하여 온갖 정신 작용이 일어난다.

(rūpa), 마음(citta, 心), 마음의 움직임(cetasika, 心所)"이라고 『미린다 팡하』⁹라는 경전에서도 육신과 마음에 대해서 설명하고 있습니다.

또 『상윳타 니카야』에 있는 문장에 의하면 "의식(viññāṇa, 意識)은 육신과 마음에서 떨어져서는 존재할 수가 없다"라고 합니다. 이것은 스리랑카에서도 불멸의 고전적인 시편인 『카비야세카라』라는 곳에서도 찾아볼 수가 있는데, 이 시편에 의할 것 같으면 "마음과 육신, 이 두 가지 외에 인간의 존재는 있을 수 없다"라고 기록되어 있습니다.

이상의 여러 설에 의하면 사람들이 인식을 할 때는, 인식하는 그 순간 모든 구성 요소가 한 번에 구성되어진다는 것은 명확한 것입니다. 이처럼 인간의 구성은 다섯 가지의 집합체集合體, 12처, 혹은 마음과 육신이라는 것을 알 수 있습니다.

그리고 앞에서도 말씀드린 바와 같이 불타佛陀는 "인간에게는 영혼이 존재하지 않는다"고 말하고 있습니다. 즉 "육신은 영혼이

---

9 『미린다 팡하(Milindapañhā, 彌蘭陀王問經)』: 원작자는 불명이나 인도의 승려인 나가세나(Nāgasena, 那先比丘)가 기원전 2세기 후반경 서북 인도를 지배하던 그리스의 국왕 메난드로스Menandros와 토론하여 국왕을 불교에 귀의시킨 경과를 기록한 책. 간결 명료한 문체로서 불교 교리를 45개조로 나누어서 설하고 있으며, 불교문학 가운데에서도 걸작으로 꼽힌다.

아니다"라고 하며, 『상유타 니카야』에 의하면 과거·현재·미래 삼세에 걸쳐서 육신 등은 결코 자기 자신의 것이 아니라고 설하고 있습니다. 불타는 육체를 구성하고 있는 다섯 가지의 집합체, 즉 오온을 설하고 있습니다. 그리고 그는 육신의 6개의 감각 기관에는 영혼이 존재하지 않는다고 합니다.

또 그는 죽음에 관해서도 설명하고 있습니다. 예를 들면 "죽음이라고 하는 것은 생전에 모두 사용해 쓸모없는 육체가 다시 똑같은 새로운 물건으로 바뀌는 것에 불과하다. 그러므로 죽으면 이 육체에 남는 것은 아무것도 없다"라고 합니다.

또 『상유타 니카야』에서는 "이 육체는 전부 멸하여 없어진다. 그러므로 일체의 집착으로부터 멀리 떠나야 한다"라고 기록되어 있으며, 『마하프라다나 Mahāpradana』라는 경전에서는 "생겨난 모든 사물은 반드시 멸하는 것이다", "죽음이라는 것은 모두 없어지고 마는 것이다"라고도 기록되어 있습니다.

앞에서 살펴본 결과에 비추어 볼 때 불교의 영혼 부정설을 알 수 있으리라고 봅니다. 인간들이 생존 시에 지니고 있던 모든 것은 죽음과 동시에 일체가 소멸되며, 인간은 인간으로 태어나기도 하고 개구리·뱀·개·돼지·말 등으로 다시 태어나서 생존하며, 그러한 동물로 태어나고 죽고 하는 것을 반복한다고 합니다.

따라서 이 세상의 모든 동물의 주인이며 만물의 영장으로서 (하나님께서) 창조하신 우리 인간들이, 불교의 교리에 의하면 하나의 동물이나 곤충보다도 그 가치가 없는 하찮은 존재에 불과한 것입니다.

이러한 사실로 볼 때 조금이라도 분별력을 가지고 있는 사람이라면 이와 같은 가르침을 종교라고 신앙하겠습니까?

만약 인간이 동물이라면 축생으로서 생활하지 않고 왜 종교를 구하려고 하겠습니까?

불타의 가르침에 의하면 불교에서는 축생도에 있던 동물들도 천국에 태어날 수 있다고 합니다. 그것이 정말이라면 왜 지금 현재 이 지구상에서 살아가고 있는 많은 동물들에게 설법을 하지 않습니까? 어디까지나 동물들은 동물에 불과하며, 인간은 누가 무엇이라고 해도 인간인 것이지 결코 동물이 인간으로 될 수는 없는 것입니다. 이와 같은 진리는 우리들이 너무나 잘 알고 있는 사실입니다.

따라서 인간에게는 영혼이 존재하지 않는다고 가르치고 있는 불교는 참 신앙이 아닌 것입니다. 그러므로 여러분들께서는 지금도 늦지 않으셨으니 이와 같은 사이비 종교를 멀리하시고, 인간에게는 영원불멸의 영혼이 존재한다고 계시하신 신성하고 진실된 예수 그리스도의 가르침을 명찰하여 주 예수 그리스도의 품에 안기시기를 바라는 바입니다.

물론 기독교에서 명시하고 있는 바, 인간에게는 영원불멸하는 영혼이 존재한다고 하는 것을 입증하기 위한 증거들은 얼마든지 있습니다.

여기서 그 한 예를 본다면, 그리스도께서는 십자가에 못 박혀 있는 자기 옆의 사람에게 다음과 같이 말씀하셨습니다. "그대는 오늘 중으로 나와 함께 천국으로 간다."

또 성서에서 스톤Sthone이 다음과 같이 말했습니다. "오! 주여. 저의 영혼을 받아 주십시오."

신약성서 『고린도전서』 5장 3절에서 "내가 실로 몸으로는 떠나 있으나 영으로는 함께 있어서 거기 있는 것 같이 이 일을 행한 자를 이미 판단하였노라", 그리고 같은 『빌립보서』 1장 23절에 의하면 "내가 이들 두 사이에 끼여 있다. 내 욕망을 말하면 이 세상을 떠나 예수 그리스도와 함께 있는 것이며, 실은 그것이 훨씬 바람직하다"라고 하고 있습니다.[10]

이상과 같이 약간의 예를 들었습니다마는 이외에도 더 많은 증거들이 인간에게는 영원불멸의 영혼이 존재한다는 것을 그리

---

10 그러나 국제 기디온 협회, 대한성서공회 출판, 『성경전서』에는 "내가 그 두 사이에 끼여 있으니 떠나서 그리스도와 함께 있을 욕망을 가진 이것이 더욱 좋다"라고 기록되어 있다.

첫 번째 논쟁 53

스도의 말씀으로써 충분하게 입증시켜 주리라 믿습니다.

이에 반해, 불타는 가르치고 있습니다.

"선과 악의 행위를 하는 사람은 그 과보를 받지 못한다."[11]

선악의 행위에 의해서 받는 보은과 죄업을 본인이 아닌 다른 사람이 받는다고 합니다.

『미린다 팡하(미린다 왕문경)』에서 미린다 왕이 비구승려 나가세나에게 "이 몸을 떠나서 또 다른 몸으로 옮겨지는 영혼(satta)이 존재하는가?"라고 물었을 때 나가세나는 "왕이시여! 그렇지 않습니다. 인간은 지금 현재의 육신과 마음으로 행해진 선행 또는 악행위에 의해서 다른 새로운 정신(nāma, 名稱)과 육신(rūpa, 形態)이 다음 세상에 다시 태어나는 것입니다. 그러므로 그 사람은 악업에서 벗어나지 못하는 것입니다", "전생에 행한 죄업으로 인해서 일어난 오온五蘊은 그 전생에서 끝나 버리고 전생에서 금생으로는 아무것도 오지 않습니다", "인간들이 저지른 선행, 악행의 결과로서 다른 육신과 정신(마음) 혹은 다른 인간으로 출몰합니다", "5온과 12처는 인간이 태어남과 동시에

---

[11] 목사의 파알리 원문 번역은 파알리 원전과 전혀 틀리며, 원문 인용도 틀림. 옳은 번역과 원문은 다음과 같음. "Kiṃ nu kho Gotama so karoti paṭisaṃvediyatī ti." "고오타마여! 그가 지은 그 경험이란 무엇인가?"(SN. II. p.75; 남전대장경, 제13권 p.11)

발생하는 것입니다"라고 답하였습니다.

그러므로 5온 12처 그 어느 하나도 그 당사자와 함께 이곳에서 저곳으로 가는 것도, 또 소멸되는 것도, 그 아무것도 실재하지 않는다는 것을 위의 인용된 사실로 미루어 보아서 여러분들께서도 충분히 이해하셨으리라 믿습니다.

인간은 죽음과 동시에 그 사람의 일체의 존재가 소멸된다는 것을 불타는 명언하고 있는 것입니다. 이와 같은 교리를 인정한다고 하면 많은 사람들이 자기의 많은 재산으로서 아무리 많은 공덕을 쌓았다고 해도 그 어떤 좋은 결과를 얻을 수 없으며, 따라서 우리가 생존 시 쌓은 공덕은 전혀 무의미한 결과가 되는 것입니다.

그리고 이상과 같은 가르침이 올바른 교리라고 한다면 이 세상에서 비행의 악습을 행하는 자들이 아무런 거리낌 없이 범죄를 자행하는데 더욱더 자극적인 교리가 되지 않을까요? 이와 같이 악행, 즉 살인·강도 등의 범죄를 자행하는 범죄자들이 자신들의 비행에 조금도 양심의 가책이 없이 당연하게 생각하며 조금도 괴로움을 느끼지 않아도 되며, 그것도 그 비행에 의한 나쁜 결과는 본인이 아닌 다른 사람들이 받는다면 누가 불교를 믿지 않겠습니까?

만약 악행을 자행하는 사람을 벌하지 않고 내버려둔다면 이 세상에는 윤리나 도덕이라는 것은 존재할 수도 없고 암흑의 세계로 변해 버리겠지요. 자신의 악행으로 인해 벌을 받아야 된다면 그것은 그 어떤 사람이 아닌 그 자신, 즉 악행을 자행한 그 사람뿐인 것입니다.

이상과 같은 사실로 보아서 악행을 자행하라, 선행을 하지 말라고 권장하는 종교를 어떻게 진정한 종교라고 논할 수 있겠습니까?

이와 같은 자기모순을 정당화시키려고 불교도들은 여러 가지 예를 들어가면서 불타는 중도中道[12]를 설했노라고 그것을 입증시키기 위해서 갖은 노력을 할 것으로 생각합니다. 그들의 그러한 노력의 실제 예를 지금 이 자리에서 말할 필요는 없다고 생각합니다. 그러한 것들에 관해서는 다음 기회로 미루기로 하겠습니다.

("조용히 끝까지 들어주셔서 대단히 감사합니다"라고 사의를 표하면서 데이비드 데 실바 목사는 그의 연설을 마쳤다.)

---

12 중도(Majjimapaṭipadā, Skt. Madhyamā pratipad): 정립定立·반정립反定立의 두 극단을 종합한 뜻. 양쪽 그 어느 쪽에 치우친 삿된 것을 여읜 불편중정不偏中正의 도道를 말함. 석가여래 부처님 이래 불교의 중요한 개념의 하나. 유有·무無, 단斷·상常의 2변을 여읜 도리를 중도라 함. 즉 그 어느 쪽에도 편견하지 않고 엄정 공정하게 현실을 판단하며, 또 행동 실천하는 것을 말함.

데이비드 데 실바 목사의 이론에 대한 모호티왓테 구나난다 스님의 대론

1873년 8월 26일 오전 9시부터 10시까지

데이비드 데 실바 목사가 발표한 불교의 비판은 처음부터 인정될 수 없는 반론이라 여겨집니다. 그렇기 때문에 청중들이 그의 반론을 듣고 진정으로 이해를 했는지는 저 자신도 알 수가 없습니다.

그가 반론으로 제기한 불교 경전의 인용문에 대해서 큰 착오가 있었음을 미리 밝혀 두며 인용한 문장의 의미, 혹 사상에 관해서는 설명하지 않았음을 지적하지 않을 수 없습니다. 그중 한 예를 든다면, 인체를 구성하고 있는 다섯 개의 부분은 사람이 죽을 때 그 움직임을 중지하게 되며, 그 때문에 죽은 후 다시 태어나는 사람은 똑같은 사람이 아니고 전혀 다른 사람인 것입니다. 어쩌면 그가 말하고 싶었던 것은 그러한 의미가 아닐까

하고 여러분들 중에 몇 분께서는 벌써 알고 계실 것이라고 생각하는 바입니다. 저도 똑같은 생각이며 지금부터 그것에 대해서 반론하고자 합니다.

불교 경전에서는 사람이 죽을 때 금세今世와 내세來世에 오온으로부터 물질적으로는 아무것도 오고 가지 않는다라고 기록되어 있는 것은 사실입니다. 여기의 오온으로부터, 죽는 사람과 함께 내세에 아무것도 가지 않지만, 죽은 자 대신에 저 세상에 태어나는 자는 다른 사람이 아닌 죽은 자 그 자신인 것입니다. 오온에 대한 가르침은 대단히 난해하며 그것은 파알리Pali[13]어로 기록되어 있습니다.

이것을 인용한 데이비드 데 실바 목사는 파알리어를 잘 모르고 계시는 것 같습니다. 파알리어에 대해서 무지하기 때문에 불교의 가르침을 오해한 것뿐만 아니라 그의 이야기는 아무 가치 없는 것이 되고 말았습니다. 파알리어에 대한 그의 무지함을

---

13 파알리어(Pali-bhāsā, 巴利語): 남방불교의 성전용어로서 인도 유럽어에 속하며 중기 인도 아리안어 가운데 지방어의 일종. 기원전 3세기 전후 인도 마가다지방 발생설과 웃자인지방 기원설 등 이설이 많음. 일설에는 부처님이 파알리어로 설법을 했다는 설도 있어 현존하는 불교성전어 중에서 가장 오래된 언어로서 학계에서 많은 연구가 되어 있다. 원시불교의 경·율·논 3장이 파알리어로 기록되어 빠짐없이 현존하고 있어서 중요한 불교성전어이다.

증명하기 위해서 하나의 예를 들어보겠습니다. 그의 저서인 『그란타세카라Granthasekara』라고 하는 책을 보기로 합시다.

이 책에서 신약성서의 사상을 표현하기 위해서 만든 4개의 단어로 이루어진 파알리어의 문장을 볼 수가 있습니다. 단어를 단 4개밖에 사용하지 않은 문장임에도 불구하고 틀린 문법으로 꽉 차 있습니다.

그 문장은 "타와나모 파칫토호투tava namo pachitto hotu"라는 문장으로서, 파칫토pachitto라고 하는 파알리어의 단어는 없습니다. 그것은 파윗토pavitto일 것이라고 생각합니다. 타와나모 tava namo라고 남성명사를 사용한 것도 틀린 것입니다. 그러한 짧고 단순한 문장도 정확히 쓰지 못하는 것으로 보아서 그가 어느 정도로 파알리어에 대해서 무지한지를 능히 짐작할 수가 있는 것입니다.

그의 문법의 틀림에 대해서 제가 말씀 드리는 것을 여러분이 이해하지 못하시더라도 여기에 배석하시고 계신 유명한 파알리어 학자이신 스님들은 이미 아시고 계실 것입니다. 자기 자신이 파알리어에 대한 충분한 지식이 없음에도 불구하고 오온에 대한 가르침을 설명하려고 하는 것은 대단히 가소로운 일이 아닐까요?

오온이라고 하는 것은 색온(色蘊, Rūpaskandha, 육체), 수온

(受蘊, Vedanāskanda, 감각, 지각), 상온(想蘊, Saññāskandha, 인식, 견식), 행온(行蘊, Saṅkhāraskanda, 식별력), 그리고 식온(識蘊, Viññāṇaskandha, 외면적 자각)을 말하며, 색온은 우리들의 눈으로 보이는 육신이라는 의미이며, 수온이라는 것은 즐거움과 괴로움을 느끼는 것을 의미하는 것입니다. 여기 모이신 여러분들께서는 사람이 죽은 후 육체적인 형체는 남는 것이라고 믿고, 그것을 묘지까지 가지고 가서 묘를 만드는 것도 잘 아실 것입니다.

즉 수受는 다시 말해서 고苦와 락樂을 의식하는 동작인 것입니다. 이 세상에서 아무것도 저 세상으로는 가지 않는 것이며, 또 다른 온蘊도 지금의 이 세상에서 죽는 것입니다. 그러나 죽은 사람의 대신으로 다시 태어나는 것은 남이 아닌 그 자신인 것입니다.

만약 사람의 혼魂이 육신에서 빠져나가 다시 태어난다고 하면 천국에 있는 모두가 인간이 될 것입니다. 왜냐하면 우리 인간들의 안에 있는 혼은 인간의 영靈이라고 우리들은 부르고 있기 때문입니다.

그러므로 만약에 인간의 영혼이 육체를 이탈해 천국으로 간다면 천국에 거주하는 영은 반드시 인간이 되어야만 하는 것입니다. 예를 들어 여기에 계신 목사님이 이 장소를 떠나서 웰라왓타[14]

에 간다고 합시다. 그는 그곳에 간다고 해도 다른 사람이 될 리가 없는 것입니다. 웰라왓타에서도 그는 그곳에서 알려져 있는 똑같은 이름으로써 불리어질 것입니다. 이와 같이 영이 만약 육체를 이탈해 천국에 간다면 천국에 있는 것은 모두 인간이라야만 되는 것입니다. 이것을 증명하기 위해서 저는 또 하나의 증거를 말씀드리겠습니다.

지금 제가 이 손에 들고 있는 성경책은 모세Moses[15]와 그외

---

14 웰라왓타Wellawatta: 스리랑카 기독교 본부가 있는 콜롬보시의 마을 이름.
15 모세: 기원전 1350~1250년경 히브리인(유태인)의 종교 지도자, 군사 지도자이며 최초의 율법 수령자이다. 구약성서에 의하면 모세의 부친 아므람Amram이 그의 부친의 누이 요게벳Jochebed을 아내로 취하여 아론과 모세를 낳았다(『출애굽기』 6장 20절; 『민수기』 26장 59절)고 한다. 즉 모세는 조카와 고모의 근친상간에 의해 출생했으며, 출생 후 3개월을 숨겨 기르다가 당시 바로왕의 명령에 의해 남자아이들을 모두 나일강에 던져 버리라고 하여 그도 강에 버려진 것을 바로왕의 딸이 목욕 중 그를 건지게 하여 구원을 받아 그 이름을 모세라 함(『출애굽기』 1장 22절-2장 10절). 모세는 이와 같이 죄악 속에서 출생하나 그는 타고난 기질과 온유 겸손한 성품으로(『민수기』 12장 3절) 당 시대의 파란만장한 생애를 보낸다. 람세스Ramesses 2세 때 이집트인을 살해한 죄로 범죄자로 수배를 받게 되자 그가 통솔하는 히브리인들과 함께 이집트를 탈출, 홍해를 건너서 시나이sinai산에서 여호와(Yahweh, 유태인의 신)로부터 '10계'를 받았다고 한다(『출애굽기』 20장 1-17; 『신명기』 5장 6-21절). 그 후 약 40년간에 걸친 긴 방랑생활을 하는 사이 몇 번인가 부하들의 반역에도 불구하고 위대한

다수의 사람들에 의해서 기록되어진 것입니다. 그러나 저는 여러분들께서 보시는 이 손에 든 성경책은 모세가 기록한 것이 아니라고 말씀드리고 싶습니다. 왜냐하면 모세가 기록한 본래의 성경책으로부터 전혀 다른 책으로 변형된 것이기 때문입니다. 또한 그 변형된 성경으로부터 수많은 변형과 변형을 거듭하여 만들어진 것입니다. 물론 내용에 관해서는 크게 변함이 없으리라 봅니다만 이 성경책 본래의 글자나 페이지 수 등은 변형되었으리라고 봅니다. 그러므로 본질은 그대로이나 그 이외의 것은 무의미하다고 할 수 있겠습니다.

이와 같이 어떤 사람이 죽은 후 이 사람의 영혼으로부터 어떤 부분 혹은 몸의 어느 일부분이 저 세상으로 가지 않아도 죽은 자는 다른 사람이 아닌 그 자신이 분명한 것입니다. 이 이론을 입증하기 위해서 또 하나의 중요한 증거가 있으니 잘 들어주시기 바랍니다.

"이 세상에서 저 세상으로, 저 세상에서 이 세상으로 오고 가는, 즉 윤회(transmigrate)하는 인간은 동일한 인물인가, 그렇지 않은가? 동일한 영혼(identical soul)이 어떤 것은 인간으로

통솔력을 발휘하여 약속의 땅을 눈앞에 두고 죽었다고 함. 그의 저서로서 『모세의 5서』가 전해지고 있음.

윤회하고 혹은 신으로 또는 천신과 다른 존재로 윤회하는가?

만약 동일한 인간이 이 세상에서 죽어 저 세상으로 윤회한다면 죽음이라는 것은 존재할 수 없지 않은가? 만약 그렇다면 이 세상에는 죽음도 없는 것이며 살생도 존재하지 않는 것이다. 그것은 살생을 해도 죄의식을 느낄 필요가 없지 않는가."(즉 인간을 포함한 모든 생명체가 이 세상에서 죽어서 다시 태어날 때는 그는 이미 이 세상에서 죽은 그와 동일한 사람 혹은 생명체의 존재물이 아닌 전혀 다른 것이라는 것)

이 인용은 파알리 삼장三藏 중 논장論藏의 하나인 『아비담마 피타카Abhidhamma piṭaka』[16] 카타왓투(Kathavatthu, 論事)에 있는 것입니다. 이상의 인용으로 미루어 볼 때, 만약 이 세상을 떠나서 천국에 다시 태어난다면 천국에 체재하는 것은 우리들 인간이 되는 것은 당연한 일인 것입니다.

이것에 반해서 만약 천국에 있는 자들이 모두 신(God)이라 하면 인간이 죽어서 천국으로 간다고 하는 것은 틀린 논리인 것입니다. 왜냐하면 인간의 영혼은 어디까지나 인간의 영혼에

---

[16] 『아비담마 피타카』: 불교의 교리를 주석 설명하고 정리 조직해서 철학적·논리학적으로 체계화한 불교 성전 중의 논장을 말한다. 『구사론』이라고도 한다.

불과하기 때문입니다.[17] 이와 같은 논리로 보아 기독교가 말하는 인간의 영혼이 천국에 간다고 하는 것이 사실이라면 천국에는 하나님과 같은 영혼이 존재할 수가 없지 않겠습니까? 더욱이 만약에 인간이 이 세상을 떠난 즉시 직접 천국에 가는 불멸不滅의 영혼을 가지고 있다면 누구라도 살인 범죄와 살생을 저지르는 것은 그렇게 어려운 일이 아닐 것입니다. 왜냐하면 그들은 인간에게 불멸의 생명 혹은 그 영혼이 있다고 믿고 있기 때문입니다.

죽음이라고 하는 것은 두 가지로 나눌 수 있습니다. 그 하나는 한 순간 죽어 가는[18] 것이고, 다른 하나는 자연히 죽는 죽음[19]입니다.

마음속의 모든 사고방식은 순간적으로 생生하고 또한 순간적으로 멸滅하는 것입니다. 처음에 일어난 생각이 사라진 뒤에 일어나는 생각은 결코 처음에 생각했던 것이 아닌 것입니다.

---

17 예를 들면 어느 미국인이 중국인 가정의 일가족이 된다 할지라도 그 미국인은 미국인이지 결코 중국인이 될 수가 없는 것과 같다.
18 만물이 순간순간마다 생겨나고 사라지는 것은 극히 일반적인 가르침으로 이것을 불교용어로 말하면 무상無常이라 한다. 다시 말해서 일체의 만물은 순간적으로 변화하고 있으며, 이 세상에 영원한 것이라고는 무엇 하나도 없다는 것이다.
19 극히 일반적인 의미로서의 죽음이다. 즉 세간에서 말하는 자기 수명대로의 죽음이다.

이와 같이 순간적으로 생각이 일어나며 또한 소멸되는 것을 순간적인 죽음이라고 말합니다.

인간의 물질적인 육신은 이와 같이 순간적으로 생하며 멸하는 것입니다. 인간의 몸은 서른두 가지의 부분으로 구성되어 있다고 합니다. 그중에 하나는 일주일에 반 인치 정도 자라는 머리카락이며, 머리카락은 자라면서 흩어져 없어지기도 하고 뽑히기도 하고 짧아지기도 하는 것이 대단히 많습니다. 만약에 그렇게 빠르게 자라는 머리카락을 자르기도 하고 혹은 자연히 빠지고 하는 것이 없이 오직 자라기만 하고 빠지지 않는다고 하면 1년에 자라는 머리카락의 길이는 상당히 길 것입니다. 지금 우리들의 머리에 있는 머리카락은 결코 우리들의 어린 시절에 있던 그 머리카락이 아닌 것입니다.

이와 마찬가지로 우리 몸 전체의 다른 부분도 생生하고 자라며 또한 없어진다고 생각합니다.

이와 같이 색온에 포함되는 부분 혹은 물질적인 육신은 순간적인 죽음으로 되어 있습니다. 사람이 늙은 후 혹은 육체의 모든 감각 기관이 힘을 전부 써 버린 후에 일어나는 현상은 극히 자연적인 현상의 죽음인 것입니다. 사람이 죽을 때 그 옛날의 심식心識은 다 없어지고 또 다른 새로운 심식이 생기게 되는데, 다시 태어나는 것은 다른 사람이 아닌 것입니다. 왜냐하면 심식은 쇠사슬의 고리(link)와 같이 중간에 끊이지 않고 계속 연결되어 있기 때문인 것입니다.

따라서 기독교에서 주장하는 것처럼 만약 사람이 죽지 않고 영원히 멸하지 않는 영혼을 갖는다고 하면, 그리고 이 영혼이 천국으로 모두 간다고 하면 그것은 도대체 어떠한 영혼일까요? 그것은 자른 통나무와 같은 것일까요? 그렇지 않으면 어떤 과일과 같은 것일까요? 혹은 계란과 같은 것일까요? 이러한 것들은 우리 기독교의 목사께서 자세하게 설명해야만 하지 않겠는가 하고 저는 생각하는 바입니다. 만약에 그들이 납득이 될 만한 설명을 하지 못할 경우에는 그 자체가 저 세상을 가는 영혼은 없다는 것을 증명하는 하나의 증거가 되는 것입니다.

지금 여기에 계신 목사님은 인간이 이 육체에서 떠나서 천국으로 가는 불멸의 보배, 혹은 영혼을 가지고 있다고 말씀하셨습니다. 만약 목사님이 말씀하신 영혼이 바람과 같은 것이라고 해도 그것을 다른 것과 함께 다른 세계로 건너가는 것을 정지시키는 것은 가능한 것입니다. 그것이 어떻게 하면 되는가를 저는 지금부터 설명해 드리겠습니다.

만약에 우리들이 죽어 가는 사람을 금속으로 만든 용기에 넣어서 공기가 통하지 않도록 통조림통과 같이 한다면, 그 속에 있는 영혼은 그 용기에서 빠져 나올 수가 없기 때문에 그 속에 그대로 있을 수밖에는 다른 좋은 방도는 없을 것입니다. 만약에 그들이 말하는 것과 같이 영혼이 이 세상에서 천국으로 간다고 한다면, 이러한 것은 이 세상에서 저 세상으로 가는 영혼이 없다는 것을 증명해 주는 하나의 좋은 예가 될 것입니다. 때문에 죽은 후 이 세상에서 저 세상으로 가는 영혼은 없다는 것이 됩니다. 죽은 사람의 영혼에 대해서 불타께서는 "자기 자신도 아니고 타인도 아니다"[20]라고 말씀하셨습니다.

이 인용에 의하면, 이 세상에 살고 있으며 죽어 가는 사람들이 무엇인가 변화되지 않고 다시 태어나는 것은 아니라는 것입니다. 또 다시 태어나는 사람은 전혀 다른 사람이 아니고 이 세상에서 죽어 간 사람 그 자신이라는 것을 기억해야만 하겠습니다. 그렇기 때문에 목사님께서 말씀하신 것과 같이 이 세상에서 일어난 착한 행위 혹은 나쁜 행위의 결과를 저 세상에서 보은報恩 혹은 벌罰을 받는 것은 전혀 다른 사람이라고 말하는 것은 전혀 올바른 판단이 아니라는 것이 입증되는 것입니다. 이러한 것들에 관해서 더 많은 증거로서 증명을 해 드리고 싶습니다만 그것은 금후 다시 말씀드리기로 하겠습니다.

---

20 『미린다 왕문경』의 나가세나 스님의 말.

데이비드 목사가 불교에 반대해서 말한 질문에 대답했고, 지금부터 구나난다 스님이 기독교에 대한 반론을 시작함

불교를 반대 공격하기 위해서 목사님께서 이 앞에 한 시간 동안 예를 들며 말씀하신 질문들은 제가 대답한 것으로 인하여 모두 논파되어 버린 것은 의심할 여지가 없다고 생각하는 바입니다. 아직도 말하고 싶은 것은 태산과 같이 많습니다만 다음으로 미루기로 하고, 아직도 저의 시간이 남아 있기 때문에 지금부터 기독교가 진정한 종교가 아니라는 것을 말씀드리겠습니다.

먼저, 기독교는 사람들을 구제할 수가 없다고 봅니다. 때문에 기독교는 진정한 민중 구제의 종교가 아니라고 할 수 있습니다. 그것을 증명할 수 있는 수많은 기록들이 있습니다만 그중에서 제일 간단명료하게 납득시킬 수 있는 몇 가지 예를 말씀드리겠습니다.

구약성서 『출애굽기』 20장의 "왜냐하면 나 여호와 너의 하나님은 질투하는 하나님"[21]에서 '질투하는', 즉 젤러스jealous라는 말이 싱할라어로 즈와리타 데비요Jwalita Deviyo라고 번역되어 있습니다. 그 의미는 "찬란한 신"[22]입니다. 이 번역은 완전히

---

21 "For I the Lord thy God am a jealous God." 구약성서(Old testamene) 『출애굽기(Exodus)』 20장 5절.

잘못된 것입니다. 젤러스라는 것은 그러한 뜻이 아닙니다. 젤러스라는 것은 "질투가 심하다"라는 뜻인 것입니다.

만약에 이 두 가지의 말을 정확하게 싱할라어로 번역한다면 그들이(기독교 목사) 일반 민중들을 속이는 것은 그렇게 간단하게는 되지 않을 것입니다. 이것을 보아서 사람들을 옳지 못한 길로 유도하는 것을 기독교의 본질이라 말하지 않을 수가 없는 것입니다. 기독교도들의 가장 중요한 목적은 사람들을 번뇌에서 구제하기보다는 이미 신앙하고 있는 종교에서 자신들의 종교로 개종改宗시키려는 것이 최대의 목적이 아닌가 하는 의혹마저 갖게 합니다.

제가 말씀드린 것을 증명하기 위한 또 하나의 다른 증거가 있습니다. 인도 캘커타[23]의 기독교도들은 그들의 신神, 즉 하나님을 이슈와라Íswara라고 부릅니다. 그것은 힌두교도들[24]이 숭배하고 존경하는 신이 이슈와라였기 때문에 기독교도들도 그들의

---

22 스리랑카어 번역 성경에는 "질투하는 하나님"이 "찬란한 신(Shining God)"으로 번역되어 있다.

23 캘커타Calcutta: 인도 동북부의 항구도시로, 인도의 서西벵골주의 수도이자 상업의 중심지. 2000년에 캘커타에서 콜카타Kolkata로 이름을 고쳤다.

24 힌두교Hinduism: 불교 이후 바라문교의 철학을 중심으로 하여 일어난 인도의 전통적인 민족 신앙이며, 현재 인도 전역에 걸쳐 전 인구의 약 80%가 신앙하는 인도 최대의 종교.

하나님을 이슈와라라고 이름하여 불렀던 것입니다. 그것은 인도의 어떤 시의 한 구절인 "이슈와라이카 수테 크루스테Iśwaraika śute kruste"를 보아도 충분히 알 수 있는 것입니다.

싱할라 민족도 데비요(Deviyo, 神)들에 대해서 대단히 존경하며 숭배하고 있습니다. 때문에 이 나라(스리랑카)에서는 여호와Jehovah를 데비요Deviyo라고 이름했던 것입니다. 그러한 사실을 외면한 채 기독교 전도 집회에서 사실과 전혀 다른 잘못된 해석의 설교를 하는 것이 극히 일반적으로 되어 있습니다.

이와 같이 깨끗하지 못한 방법을 사용하며 포교를 하는 것은 자기들의 종교에 다른 종교도들이 많이 개종할 것을 기대하는 속셈이 있어서라고 말하지 않을 수 없는 것입니다.

이렇게 기독교를 전도하고 있는 사람들은 성경 본래 내용의 어떤 부분은 삭제하고 있는 경우도 있는데 이것을 증명해 주는 대단히 중요한 증거도 있습니다. 그것은 『레위기』 17장에 "그들은 전에 음란하게 섬기던 마귀들에게 다시 제사하지 말 것이니라"라고 기록되어 있는데[25], 이 인용은 1840년에 싱할라어로 번역된 것입니다. 그러나 똑같은 성경임에도 불구하고 그 다음에 발행한 성경에서는 똑같은 장소에 이와 똑같은 문장을 발견할 수가

---

[25] 구약성서 중의 제3권 『레위기』 17장 7절.

없습니다.[26] 그네들이 성경에서 삭제한 것은 어쩌면 이 문장에 의해서 기독교도들이 마귀들에게 제사를 행했을 것이라고 믿을까 두려웠기 때문이라고밖에 생각할 수 없는 것입니다.

이와 같이 성경을 그들이 자기들 마음대로 변형·삭제시키는 것은 기독교도들 속에서 늘 행해졌던 사실들인 것입니다. 이러한 점으로 미루어 볼 때 저는 로마의 가톨릭교도들에게는 존경을 표하는 바입니다. 왜냐하면 그들은 성경의 문장을 그렇게 변형시키지 않았기 때문입니다. 이 모든 것이 기독교는 진정한 종교가 아니라는 것을 증명해 주는 사실인 것입니다. 이와 같이 기독교가 진정한 종교가 아니라는 것을 증명해 주는 또 다른 하나의 증거가 있습니다.

구약성서 『창세기』 6장 6절에는 "땅 위에 사람을 만드셨음을 한탄하시어 마음에 근심을 하시고"라고 기록되어 있는데, 이는 여호와가 걱정거리가 생기게 된 것은 인간을 만들었기 때문이라는 것을 말해 주고 있습니다. 장래의 걱정거리를 자기 스스로가 만들어 행한다는 것은 어리석은 자들의 소행인 것입니다.

일체의 지자知者이시며 또한 우리를 창조하신 분이 장래의 걱정거리를 선택한다는 것은 어느 면으로 보아도 참으로 이상한

---

26 현재 사용하고 있는 성경에는 『레위기』 17장 7절 말씀이 그대로 있음.

일이 아닐 수 없는 것입니다. 때문에 이것을 보아도 여호와는 미래를 보는 성스러운 지혜[27]를 가지고 있지 않았다는 것이 확실합니다. 이렇게 지혜를 가지고 있지 않은 자를 전지전능全知全能한 사람이라고 말할 수는 없는 것입니다. 자기가 행한 어떠한 일로 후에 슬퍼하고 괴로워하는 사람을 전지전능한 자로서, 그리고 우주의 창조자로서 믿고 의지하는 것은 결코 올바른 행동이 아닌 것입니다.

기독교가 옳지 못한 종교임을 증명하는 또 다른 명확한 증거가 있습니다. 이것은 여러분들께서도 어렵지 않게 이해하실 수 있을 것입니다.

구약성서 『출애굽기』 12장 23절과 24절에는 "여호와께서 이집트 사람을 치러 두루 다니실 때에 문 안방과 좌우 기둥에 피가 묻어 있는 것을 보시면 그 문을 넘으시고 멸하는 자로 너희 집에 들어가서 너희를 치지 못하게 하실 것이다"라고 기록되어 있습니다.

이와 같이 여호와는 무엇인가 어떤 표적이 없으면 이집트 사람의 집을 분별할 수가 없었던 것입니다. 장님이 길을 걷기 위해서 어떠한 안내자를 필요로 하는 것과 같이 여호와도 집안에

---

[27] 지혜知慧: 사물을 올바르게 판단하고 진리의 진위를 판별하는 인식력, 영지英知.

살고 있는 이집트인들을 분별하기 위해서는 무엇인가 그것을 증명할 만한 표시를 필요로 했던 것이 아닐까 싶습니다. 우리는 무엇 때문에 그런 극히 일반적인 지혜밖에 가지지 못한 사람을 전지전능한 신으로서 믿어야 할 의무가 있는 것일까요?

위에서 말씀드린 인용에 대해서 우리의 친구인 목사님께서 그것은 기독교의 죽음의 표시라고 말할지 모르겠습니다. 그렇게 무책임한 대답을 하고서 그대로 넘겨 회피하려 하지만 저는 결코 그것을 간과할 수 없습니다.

또 하나의 예로서, 구약성서 『출애굽기』 4장 9절에 "만약에 그들이 이 두 기적을 믿지 아니하며 네 말을 듣지 아니하거든"이라고 기록되어 있는 것은 여호와를 의심하는 마음이 있었기 때문입니다. 만약에 의심이 없었다면 "만약 처음의 표시를 믿지 않았다면 후의 표시를 믿을 것이다"(『출애굽기』 4장 8절)라고는 말하지 않았을 것입니다. 이러한 점에서 보아도 여호와는 전지전능한 사람이 아니라는 것을 알 수 있는 것입니다. 이러한 행위에 의해서 여호와는 자기의 신성한 지혜에 결점을 더한 것입니다.

여기에 또 하나의 증거가 있습니다. 구약성서 『사사기士師記』 1장 19절을 잘 들어주십시오. "여호와께서 유다와 함께 하신 고로 그가 산지 거민을 쫓아내었으나 골짜기의 거민들은 철병거

鐵兵車가 있으므로 그들을 쫓아내지 못하였다." 유다와 같이 있던 여호와는 그들이 철로 만든 병거를 가지고 있었기 때문에 그들을 쫓아낼 수가 없었다는 것을 알 수가 있을 것입니다.

여호와가 전지전능한 자라고 생각하는 기독교의 신앙이 얼마나 유치한 것입니까! 철鐵을 무서워하는 것은 스리랑카 사람들은 누구나 잘 알고 있는 하나의 습관인 것입니다. 만약 어두운 밤에 누군가의 집을 방문할 때라든가, 혹은 음식을 가지고 갈 때는 음식과 함께 철로 만들어진 그 무엇인가를 가지고 가는데, 그것은 예전부터 전해 내려오는 스리랑카 민족의 관습인 것입니다.[28] 또 한약처럼 달이는 약일 때에는 그 달이는 용기의 겉부분에 어떤 철물을 실로 묶어 놓고 약을 달이곤 했는데, 그것은 악령惡靈들의 악행의 침해를 막기 위해서 행하는 수단인 것입니다. 만약에 여호와가 철제품을 무서워한다면 여러분들은 그가 누구라고 생각하십니까? 현명하신 여러분들께서는 명확한 해답을 얻으셨으리라 믿기 때문에 저는 이곳에서 누누이 설명을 드리지 않겠습니다.

그리고 여호와가 어떠한 자인가를 증명하기 위해서 또 하나의 예를 기독교 성경에서 인용하겠습니다. 구약성서 『출애굽기』

---

[28] 쇠붙이로 만든 물건을 몸에 지니고 밤거리를 나서면 악령들이 자기에게 침범치 못한다는 스리랑카 고래의 관습.

4장 24절과 25절에는 "여호와께서 어떤 길의 숙소에서 모세를 만나시어 그를 죽이려 하는지라. 그것을 보고 있던 십보라(모세의 부인)가 예리한 차돌을 가지고서 그 아들의 표피(남자 성기의 겉 표피)를 베어서 모세의 발 앞에 던지며 말하기를 '당신은 참으로 내게 피의 남편이로다.' 하오니 그를 놓아주십시오"라고 기록되어 있습니다.

이것을 볼 것 같으면 여호와는 세상에서 가장 착한 사람으로 선정된 모세를 죽이려고 했습니다. 그리고 모세의 부인 십보라는 자신의 아들 표피를 잘라서 자기의 남편인 모세를 구했던 것입니다.

저는 청중이신 여러분께서 할례제(Circumcision)[29]의 의미가 잘 이해되지 않으시리라 생각합니다. 그것을 여러분께 자세히 설명해 드려야 하겠습니다만 지금의 저로서는 그것이 간단치 못한 것이 극히 유감입니다.

그 의례儀禮는 마호메트교(이슬람교)도들 가운데에서 어린애가 처음으로 마호메트교에 입문할 때 하는 의식인 것입니다. 여호와는 십보라로부터 그 아들의 표피를 받은 후 모세를 놓아준 것 같습니다.

---

29 할례제割禮祭: 남자가 태어난 지 8일 만에 성기 끝의 껍질을 조금 끊어내는 종교적 관습. 유대인 또는 원시민족 사이에서 행해짐.

그러나 여기에서 스리랑카 민족의 관습 하나를 보면, 만약에 어떤 사람 누군가가 악령惡靈에 걸려 있다 하면 그 악령에게 닭을 헌납하는 관습이 있는데 그때 그 닭 전체를 올리는 것이 아니고 그 닭의 숱만을 잘라서 악령에게 헌납하며, 양을 헌납할 때도 그 양을 통째로 올리는 것이 아니고 그 양의 귀한 부분을 잘라서 악령에게 헌납하여 제사를 지내서 악령에 걸려 있는 자를 구하곤 합니다. 이것은 마치 십보라가 자신의 아들 표피를 잘라서 여호와께 헌납한 것과 같은 것입니다.

이와 같이 기독교가 신앙하고 있는 그 특색을 아는 것은 우리들로서는 대단히 도움이 되는 것입니다. 여기에서 저에게 주어진 시간을 전부 소비했기 때문에 이만 끝마치겠습니다.

오늘 오후에 또 하나의 문제점을 말씀드리기로 하겠습니다. 지금까지 기독교가 대단히 모순투성이며 부정적否定的인 종교이고, 여기에 비해 불교는 얼마나 올바른 종교인가를 말씀드렸습니다만 다음 목요일에도 이에 관한 것을 두세 가지 더 말씀드릴까 합니다.

(모호티왓테 구나난다 스님의 대론對論을 마치다.)

두 번째 논쟁

데이비드 데 실바 목사에 의한 대론

1873년 8월 26일 오후 3시부터 4시까지

저의 대론자(opponent, 敵對者)인 불교도가 저의 저서인 『그란타세카라』를 비판한 것은 적절하지 않았음을 말씀드리고 싶습니다. 왜냐하면 그 책에 인용된 파알리어 문장은 제가 기록한 것이 아니기 때문입니다. 그 문장은 버마(미얀마) 글자로 출판되어 있는 신약성서의 버마어역인 것입니다. 제가 버마 책에서 인용한 것은 『그란타세카라』 책 제명이 있는 첫 장을 보면 알 수 있을 것입니다. 사실을 확실히 알지도 못하면서 그것을 비판하는 것은 좋지 못한 것입니다.

저의 대론자인 승려는 영혼(soul)을 쇠그릇 속에 집어넣으면 영혼이 그곳에서 정주定住한다고 말했습니다만 번갯불은 바람보다 빠른 것입니다. 무엇인가를 어떠한 용기에 집어넣는다고 해도 그것을 그곳에서 움직이지 못하게는 할 수 없는 것입니다. 이와 같이 영혼도 번개와 같이 빠르기 때문에 어떠한 방법으로도 그 영혼을 정주시킬 수는 없는 것입니다.

저의 대론자는 또 인도의 기독교가 여호와를 "이슈와라"라고 부른다고 말하고 그것을 일반적으로 사용하고 있다는 것을 지적했습니다만, 이슈와라라고 하는 것은 강력한 힘을 가지고 있는 자라는 의미로서 우리들의 여호와를 이슈와라라고 부르는 것은 극히 당연하며 바람직한 표현이라고 생각합니다. 왜냐하면 여호와는 전지전능(omnipotent)한 자이기 때문입니다. 저의 친구인 승려는 좀 더 깊은 의미를 몰랐기 때문에 그것을 비판·지적했으리라고 생각하는 바입니다.

또한 승려는 우리들이 데비요(스리랑카어로 神을 의미)라고 하는 말을 사용한 것에 대해서도 비판했습니다만 전혀 당치도 않은 것(nonsense)이라고 생각합니다. 우리들이 신앙하는 여호와에 대해서 "데비요"라고 하는 말 이외에 존경을 나타내는 칭호는 없기 때문입니다.

또 그는 "빛나는 여호와(shining God: Jwalita Deviyo)"라는 말의 사용도 비판했습니다. 그러나 그것도 올바른 비판이 아닙니다. 어떠한 단어의 의미가 단 하나밖에 없다고 생각하는 것은 대단히 어리석은 생각입니다. 하나의 단어는 그 쓰임에 따라 여러 가지의 해석을 할 수가 있는 것입니다.

예컨대 파알리어 성전 율장(Vinaya piṭaka, 律藏)의 『마하밧가(Mahāvagga, 大品)』에서 "남자도 되고 여자도 되는(중성) 사람이 만약 비구승으로서 생활을 하고 있다면 비구승의 자격이 없어지는 것이므로 그를 승단에서 파문시켜야 한다"[30]고 했습니다.

여기에서 나세 탓보nāse tabbo라고 하는 것은 "죽여 버려야만 한다"라고도 번역이 가능하다고 생각합니다만 살생을 절대 금하고 있는 불타로서는 그 의미를 살생으로는 말하지 않았을 것으로 봅니다. 여기에서 양성兩性, 다시 말해서 남녀가 동시에 가능한 사람이 만약 구족계具足戒[31]를 받고 비구승으로서 생활을 하고 있다면 그의 가사를 벗기고 승복을 벗겨야만 한다는, 즉 이는 속인으로 만든다는 의미인 것입니다. 파알리어도 그때 그때의 상황에 따라서 단어 및 문장을 해석하지 않으면 안 된다고 생각합니다.

『레위기』 17장 3절 7의 문장도 위험성을 막기 위해서 다른 곳에 옮겨져 있습니다. 성경을 번역한 사람들의 잘못된 것(fault)을 지적해 낼 만한 사람은 없는 것입니다. 성경에서 그곳을 지워 버렸다고 승려가 말한 곳은 성경의 다른 곳에 틀림없이

---

[30] "Paṇḍako bhikkave nāsetabho"
[31] 구족계: 원어는 Upasampadā이며, 비구승이 지켜야 할 250계.

옮겨져 있습니다. 성경의 번역은 두 번째의 번역이 첫 번째의 번역보다 훨씬 훌륭한 것입니다. 때문에 승려가 성경의 번역자에게 잘못을 지적하는 비판은 적당하다고 볼 수 없습니다.

구약성서 『창세기』 6장 6절의 후회(repentance, 後悔)라고 하는 의미는 히브리어의 "참회(nogama, 懺悔)"라고 하는 의미로서 여러 가지의 해석을 할 수가 있는 것입니다. 이 경우의 의미는 무신앙無信仰의 의미입니다. 『수다르마 프라카라나야Sudarma prakaraṇaya』라는 책에 참회에 대한 해석이 있습니다.(그는 책의 그 부분을 읽었다.)

『출애굽기』의 12장 23절(싱할라본, 영문본 모두 12장 23절로 되어 있으나, 성경을 대조한 결과 12장 22절이 옳음)에 "문 안방과 좌우 문설주에 피로써" 표시한다고 적혀 있는 것에 관한 승려의 의견도 전혀 무의미한 것입니다. 여호와께서는 이스라엘 사람들에게 내가 명령한 것을 실천해야만 한다고 하고, 이집트인이 벌을 받게 될 것을 명령에 따라 실천한 사람들을 구제했던 것입니다. 그리고 여호와의 명령에 따르지 않은 사람들은 전멸했던 것입니다. 그렇기 때문에 이 명령은 기독교의 죽음의 상징이기도 한 것입니다.

기독교에 반대해서 질문한 승려의 의문에 대한 저의 대답은 이것으로 충분하다고 생각하며 이것에 대해서는 더 말하지 않겠습니다.

다음에 불교에 반대해서 대론을 시작했다

불교가 어느 정도 부정한 종교인가를 입증해 주는 대단히 중요한 교리가 있습니다. 잘 들어주십시오.

불교에서 연기설(緣起說, Paṭicca samuppāda)은 대단히 중요한 가르침인 줄 압니다. 그 가르침은 대단히 복잡하고 알기 어렵습니다. 『상윳타 니카야』라는 경에 나오는 연기설에 대한 부분을 지금 여기에서 인용하겠습니다. "무지無知에 의해서 의식작용을 일으키는 동작이 생기며, 그 동작에서 식識, 다시 말해서 의식작용이 일어나며, 그 의식작용인 식에서 명색名色, 즉 이름만 있고 형상이 없는 마음과 형체가 있는 물질이 생겨난다"라는 것입니다.

형체가 있는 물질과 마음이라는 것은 오온(五蘊, pañcakkhandha)[32]인 것입니다. 식은 또한 오온 가운데에 포함되어 있다고

---

32 오온〔五蘊, (Skt) Pañca-Skandha (P) Pañcakhandha〕: 5취온取蘊, 5음陰, 5취取라고도 한다. 온蘊은 모아 쌓은 것, 곧 화합하여 모인 것을 말하고, 오온은 무릇 생멸하고 변화한 것을 종류대로 모아서 5종으로 구별한 것이다.

말하고 있습니다. 이 가르침이 얼마나 복잡한지 아시겠습니까? 한편으로는 의식적인 동작에 의해서 식 혹은 마음이 일어난다고 말하며, 또 다른 곳에서는 이 식에 의해서 마음과 물질이 생긴다고 말하고 있습니다. 식은 또 마음과 물질이 들어가 있다고 합니다. 식은 또 마음과 물질 가운데 있다고 가르치고 있습니다. 그 가르침은 아버지에 의해서 아들이 생기고 아들에 의해서 아버지가 생긴다는 것과 같습니다. 이러한 불타의 가르침이 훌륭합니까? 어느 누구도 이것을 이해할 수 없는 것이며, 또한 이치에도 맞지 않는 이 가르침을 이성理性이 있는 사람으로서 어찌 옳다고 인정할 수가 있겠습니까?

또 마음과 물질에 의해서 6식(識: 眼耳鼻舌身意)이 생긴다고 말하고 있습니다. 만약 그 표현이 올바르다고 하면 모든 유정有情[33]들이라고 하는 것은 눈·귀·코·혀 등이 없다는 것이 아니겠습

---

① 색온(色蘊, Rūpaskandha): 스스로 변화하고 또 다른 것을 장애하는 물체. ② 수온(受蘊, Vedanāskandha): 고苦, 락樂, 불고불락不苦不樂을 느끼는 마음의 작용. ③ 상온(想蘊, Saññāskandha): 외계外界의 사물을 마음속에 받아들이고, 그것을 상상하여 보는 마음의 작용. ④ 행온(行蘊, Sankhāraskanda): 인연으로 생겨나서 시간적으로 변천함. ⑤ 식온(識蘊, Viññānaskanda): 의식意識하고 분별함.

33 유정有情: 정식情識이 있는 생물. 다시 말해서 생명이 있는 모든 생물체. 중생衆生이라고도 한다.

니까? 감각 기관·눈·귀·코가 없이 마음과 몸이 존재할 수 있을까요? 이 문장보다 어렵고 복잡한 표현이 또 어디에 있겠습니까?

또 여섯 개의 감각 기관(6근)에 의해서 촉觸[34]이 생긴다고 합니다. 그러나 『상유타 니카야』에 의하면 촉이라는 것은 몸과 마음이라고 적혀 있습니다. 만약에 이 논리가 맞는다고 하면 앞에서 말한 그 표현이 맞지 않는 것입니다. 즉, 이것은 양쪽 그 어느 쪽도 맞지 않는다는 결론인 것입니다. 불타 이외의 누군가가 그처럼 곤란에 처해 있었을까 당신은 생각해 본 적이 있습니까?

이 가르침을 심원深遠하다고 생각하는 것은 이 가르침을 곧바로 알 수 없는 난해한 것이라고 주장하는 자들뿐입니다. 또한 이러한 가르침을 심원한 것이라는 소문만을 듣고 그것을 믿고 신봉하는 불교도로서는 좋은 것이라고 받아들이겠지요.

또 "파사 팟차야 베다나Phassapaccaya Vedana"라고 말하고 있습니다. 다시 말해서 접촉에 의해서 감각이 생긴다고 합니다. 이것 또한 복잡하기가 이를 데 없는 이야기입니다. 왜냐하면

---

[34] 촉(觸, Phassa): ①根과 境과 識의 세 가지가 접촉하는 것에 의해 생기는 정신작용으로 주관과 객관의 接觸感覺이다. ②5경境의 하나. 몸에 닿는 대상. 굳은 것, 축축한 것, 더운 것, 찬 것, 무거운 것, 가벼운 것 등의 11가지로 나눈다.

마음과 육체라고 할 때는 형태가 되기 때문입니다. 다시 말해서 감각은 의식에 의해서 생기는 것입니다. 따라서 감각은 의식에 의해서 생겨나고, 마음속에 있는 것입니다. 이와 같이 말하면서 여기서는 감각에 의해서 접촉이 생긴다고 말하고 있습니다. 이러한 두 가지 표현 중에서 어느 하나가 올바른 표현이라면 반드시 그 하나는 옳지 못한 것입니다.

지금 여기에서 나의 이야기를 끝맺기 전에 또 하나의 예를 들겠습니다. 연기설에서 다음과 같이 말하고 있습니다. 수受[35]에 의해서 애욕(愛慾, taṇha)이 생기며, 애욕에 의해서 집착(執着, upādāna)이 생기며, 집착에 의해서 태어남(生, jāti)이 생기며, 태어남 혹은 생에 의해서 다시 태어남(再生, rebirth)이 생긴다 합니다. "태어남이라 함은 물질(khandha)과 감각 기관에 의해서 성립된다"라는 의미로서 불타는 말하고 있습니다. 그러나 이것은 의식에 의해서 선과 악의 행위가 생긴다는 것입니다.

그리고 또 다른 곳에서는 식에 의해서 육체와 마음이 생긴다고 말하며, 그 식과 육체와 마음이란 것은 오온五蘊 가운데에 포함된다고 합니다. 또 선과 악의 행위는 필연적으로 "식"이라는 것을 피할 수가 없으며, "식"에 의해서 몸과 마음도 생기며 다음에

---

[35] 수(受, Vedanā): 감각을 말함. 바깥 경계를 마음에 받아들이는 정신작용. 12연기설의 하나.

또 업業[36]에 의해서 온(蘊, Skanda)과 육신과 마음이 생긴다고 합니다. 그렇기 때문에 이 두 가지의 표현 가운데 하나가 맞는 것이라면 또 하나는 잘못된 표현인 것입니다. 만약에 저의 대론자(불교 대표자)가 우리들로서는 도저히 어찌할 수 없는 난해한 곳을 해명할 수 있을 정도로 능력이 있으시다면 사양하지 마시고 말씀해 보십시오.

(그가 청중에게 감사의 인사를 하고 자리에 앉았다.)

---

36 업〔業, (P) Kamma, (Skt) Karman〕: 몸·입·뜻으로 짓는 말과 동작과 생각하는 것과 그 세력을 말한다. 업은 짓는다는 의미로서 정신으로 생각하는 작용, 곧 의념意念이며, 이것이 뜻을 결정하고 선악을 짓게 하여 업이 생긴다.

불교의 대표자 모호티왓테 구나난다 스님의 대론

1873년 8월 26일 오후 4시부터 5시까지

먼저 말씀드리고 싶은 것은, 저는 불교에 반대해서 말한 대론자를 목사님(Padili Unnanse)이라고 불러왔습니다. 그러나 그는 저에 대한 명칭을 사용하지 않고 저를 "위룻다카라야(적대자敵對者)"[37]라고 불렀습니다. 그렇기 때문에 저도 이 사람을 "적대자"라고 부를 것입니다. 여러분들께서는 혹시 제가 "적대자"라고 말할 때는 이 목사를 가리키는 것으로 이해해 주시기 바랍니다. 그러나 이 대론을 시작하기 전에는 우리들 사이에 아무런 유감도 적의도 없었다고 생각합니다.

제가 기독교 측에 처음으로 질문한 것은 "다른 신에 대한

---

37 위룻다카라야Viruddhakaraya: 적敵 혹은 원수·원한을 품은 상대자를 뜻하는 스리랑카어.

믿음을 용서치 않는"에서 '젤러스(Jealous, 질투하는)'라는 단어에 관한 해석의 문제였습니다만 그는 거기에 대한 정확한 설명을 하지 않았다는 것이 분명합니다. 그는 이에 대해서 정확하게 설명하지 않고서 얼버무려 버렸습니다. 그가 이와 같이 적당히 얼버무려 버린 것은 그것에 대한 정확한 대답을 할 수가 없었기 때문이 아니고 무엇이겠습니까?

성경의 싱할라어 번역이 올바르다고 말하기 위해서 그가 말한 해석도 전혀 옳지 못한 판단이었습니다. 왜냐하면 1840년에 웨스리얀 전도협회에서 발행된 성경의 싱할라어 번역에 있는 어떤 단어를 같은 회사가 그 후에 발행한 성경에서 삭제해 버렸던 것입니다.

그러나 목사는 그 문장을 다른 곳으로 옮겼다고 말하고 있습니다. 더욱이 성경의 번역자는 대단히 숙달된 자격으로서 아무도 그의 결점을 말할 수 없으리만큼 위대하며 그 누구도 그를 비판할 수가 없다고 했습니다. 이 대답 또한 전혀 옳다고 말할 수 없습니다. 왜냐하면 성경의 번역자가 모두 동일한 지혜를 갖고 있을 리가 없는 것이며, 때문에 그들이 번역을 할 때 문장을 변형시킴으로써 전혀 다른 의미로 바뀔 가능성이 충분하다고 봅니다. 때문에 여러 가지 성경 중에서 어느 성경이 올바르다고 우리들은 한마디로 말할 수 없는 것입니다.

로마의 가톨릭에서는 성경을 변형시키지 않았습니다. 그들이 진리를 변형시키지 않고 그대로 보존 전승시킨 것에 대해서는 우리들이 그들에게 경의를 표해도 좋을 것이라고 생각합니다.

또 인도 캘커타의 기독교 전도협회에서도 예수 그리스도를 '이슈와라'의 아들이라고 칭하며 그 나라의 힌두교도들을 속이려고 합니다. 이 문제에 대해서도 저의 대론자의 대답은 전혀 무의미한 것이었습니다.

'이슈와라'라는 말에는 여러 가지 의미가 있습니다만 여기에서는 힌두교의 신에 대해서 사용하므로 신神을 의미합니다. 때문에 인도인을 속이기 위해서 기독교가 그들의 신도 '이슈와라'라고 같은 이름으로 불렀다고 봅니다. 만약 기독교가 '이슈와라'를 신앙한다면 그들의 신 여호와도 '우마양가나Umayangana'라고 하는 부인婦人을 데리고 있는 것입니까? 여호와도 부인을 데리고 있습니다. 그러나 여호와의 신앙자는 그것을 모르고 있습니다. 이후에 여호와의 부인에 대해서 말하겠습니다.

구약성서 『창세기』 6장 6절에서 여호와가 대지 위에서 인간을 창조하고 그 후에 걱정을 했다고 적혀 있습니다. 어떠한 일의 결과를 뻔히 알면서 그 일을 행하여 근심하고 걱정하는 것은 어리석은 자만이 하는 짓인 것입니다. 그 질문에 대해서도 목사는 타당한 대답을 찾지 못했습니다.

그는 최근 기독교인과 불교인과의 사이에서 일어난 논쟁을 발표한 책인 『수다르마 프라카라나야』의 한 부분을 낭독했습니다. 그러나 그것을 낭독한 것만으로는 저의 질문에 대한 답변이 될 수 없었습니다. 목사도 저도 책을 낭독하는 것만으로 대답을 인정하지 않는다는 것을 잘 알고 있습니다.

이 논쟁을 하고 있는 동안 상기의 책에 기술되었던 모든 질문에 대답해서 기독교도들의 모든 쟁론을 저는 모두 타파해 버렸습니다. 그러므로 그 책을 이 논쟁의 대응자료로서 가지고 나오는 것은 그의 무지의 소치라 보지 않을 수 없는 것입니다.

여호와는 자기가 구별할 수 있도록 이스라엘인에게 자기의 집 문설주 위에 어떠한 표시를 하도록 명령했다고 제가 말씀드렸습니다. 만약에 여호와가 전지전능하신 분이라면 그러한 표시를 하도록 명하지 않았을 것이라고 제가 말씀드렸습니다. 이에 대해 목사는 그것을 기독교의 죽음의 상징이라고 말했습니다. 이 대답 또한 전혀 올바르다고 볼 수 없습니다. 왜냐하면 그리스도가 돌아가셨을 때 문설주에 아무런 표시를 하지 않았기 때문입니다. 이집트인의 첫아들(장자)을 죽이기 위해서 여호와(영역본에는 "예수"라고 했으나 "여호와"의 잘못임)가 갔을 때 피로써 표시를 한 집을 지나쳐 버렸습니다. 이와 같은 것들로부터, 무엇인가 결정하기 위해 어떠한 힌트가 필요했다는 것도 알 수 있습니다.

예를 들면 장님이 길을 걷기 위해서 자기 아닌 다른 사람의 도움을 구하는 것과 같이 여호와도 이스라엘인의 집을 구별하기 위해서 어떤 표시가 필요했다는 것은 전지전능한 여호와로서는 있을 수 없는 일이 아니겠습니까? 또 여호와는 모세에게 처음의 표시를 믿지 않았다면 두 번째의 표시를 믿으라고, 혹은 두 번째의 표시를 믿지 않았다면 세 번째의 표시를 믿으라고 말했으니, 이것만으로도 여호와는 미래를 보는 지혜의 눈이 없었다는 것을 충분히 알 수 있는 것입니다.

이와 같이 제가 물어 본 여러 가지 질문에 대하여 목사는 아무것도 타당한 대답을 해주지 못했습니다. 더욱이 유다Judah가 있던 전쟁터에서 여호와가 철로 만든 마차를 겁을 낸 것에 대해서도, 또한 모세 아들의 음부陰部 끝 껍질을 잘라서 여호와에게 올린 것에 대해서도 저의 대론자는 대답을 하지 않았습니다.

저는 어떠한 쇠붙이를 무서워하는 것은 악령들이라고 했고, 피를 대단히 좋아하는 것은 말할 것 없이 악마들이 하는 짓이라고 여러분께 말씀드렸습니다. 이러한 것들에 대해서 더 이상 언급하고 싶지 않습니다만 여호와가 모세의 아들에게 행하였던 사실들을 미루어 보아 그는 인간의 피를 대단히 좋아했던 것을 알 수 있습니다.

제가 기독교에 반대해서 예를 든 질문에 대해서 기독교 측에서 제공한 대답은 지금까지 말씀드린 것과 같습니다. 만약 그들이 말하는 불멸의 영혼이 불교가 말하고 있는 영혼과 다르다면 도대체 어떠한 영혼이냐는 질문에 대해서도 그들은 아직도 대답을 하지 않았습니다. 기독교도들이 자기들의 신앙에 고집하고 있는 한 이 질문에 대한 어떠한 대답도 할 수 없겠지요.

우리들의 신체를 형성하고 있는 다섯 가지의 부분인 오온五蘊에 대한 가르침은 일반적인 지식으로서는 알기 어렵습니다. 또 모든 생명이 있는 물체의 죽음과 다시 태어남에 관한 불교의 가르침도 간단하게 이해하기 어려울 것입니다.

사람이 죽고 난 후 그 다음 세계에 지금의 신체가 가지고 있었던 것의 어떤 것도 가지고 가는 것은 없습니다. 그러나 죽는 사람 대신에 저 세상에서 태어나는 사람은 결코 타인이 아닌 것입니다. 이러한 것들을 상세히 말씀드리기 위해서 불교 경전 중에서 죽음과 태어남에 관한 부분을 인용하여 말씀드릴까 합니다.

"햇볕에 널려 있는 큰 나뭇잎들이 푸른빛을 잃고서 점점 그 빛이 퇴색되어 하얗게 되어 가는 것 같이, 죽음에 가까운 사람의 감각 기관도 점점 약하게 된다. 이 같이 되어 그는 청력, 시력 그리고 세 개의 감각 기관은 마음속에 남는다.

그 남은 세 개의 감각이라는 것은 카인드리아(Kāyindriya, 身根), 만인드리야(Manindriya, 意根), 그리고 지비타인드리야(Jīvitaindriya, 命根)이다. 다시 말하면 그것은 신체, 마음, 생명이라고 하며, 카인드리아는 육체의 어느 부분에 무엇인가 닿았을 때 그것을 느끼는 능력이며, 만인드리야는 모든 사물을 구별하는 능력이며, 지비타인드리야는 우리들의 생명을 지키는 능력인 것이다.

이 세 가지 감각 능력이 마음으로 들어가 버린, 즉 죽음에 가까워진 사람은 두 가지의 현상이 나타난다. 이 두 가지 중의 하나는 업상業相[38]과 또 하나는 취상趣相[39]이다. 업상이라는 것은 그 사람이 살아 있는 동안 행한 어떤 선행善行과 악행惡行에 의한 현상인 것이다. 그것은 마치 죽음에 이른 사람이 꿈을 꾸는 것과 같은 현상이다.

만약 죽어 가는 사람이 죽기 직전까지 악한 행을, 다시 말해서 살생·도적질 등을 계속해 왔다고 하면 죽는 순간에도 살아

---

[38] 업상(業相, Kammanimitta): 삼세三細의 하나. 근본불각根本不覺의 망심妄心에 의하여 진여의 일념이 처음 기동하여 생기는 최초의 상태. 업에 의한 현상.

[39] 취상(趣相, Gatinimitta): 중생이 번뇌로 말미암아 말·행동·생각 등으로 악업을 짓고, 그 업인業因으로 인하여 가게 되는 국토. 내세에 향하는 현상.

있던 당시의 악행의 죄상을 볼지도 모른다. 만약에 좋은 일을 행한 사람이라면 죽는 그 순간에도 자기 자신이 행한 좋은 일을 행하는 것을 볼 것이다. 만약에 죽는 사람이 좋은 현상을 본다면 그는 천국(devaloka, 梵天)에 태어날 것이다. 그리고 나쁜 현상을 본다면 지옥으로 떨어질 것이다. 업상의 현상을 본 뒤 그는 저 세상의 현상을 보는 것인데 저 세상의 현상이라는 것은 다시 태어날 세상인 것이다.

저 세상의 현상을 본 뒤 그는 그것에 집착(taṇhā)하며, 이 현상에 대한 집착이 다시 태어나는 원인이 되는 것이다. 이와 같이 그 세상을 떠나가는 의식과 함께 죽는 그 순간에 다시 태어나는 의식도 일어나게 되는 것이다. 그러므로 다시 태어나기 때문에 저 세상에 가는 그 어떤 것도 이 몸에 남을 이유가 없다. 죽는 사람이 위와 같은 현상을 볼 때, 애욕이 아직 남아 있기 때문에 그 현상에 집착하는 것이다. 집착은 그를 다시 태어나게 만들며, 때문에 다시 태어나는 사람은 타인이 아닌 본인 자신인 것이다. 나쁜 현상이 일어나는 것은 그가 지옥 혹은 다른 최하의 곳에 태어나는 것의 표적인 것이다. 천국에 태어나는 사람은 신들이 거주하는 곳, 혹은 좋은 환경과 다른 많은 즐거움만이 있는 현상을 보게 되며, 또 지옥에 떨어지는 사람은 무섭고 험한 현상을 보게 된다."

이와 같은 현상을 봄으로써 죽는 사람이 다시 태어남을 알 수 있는데, 불타는 "윤회 속에 존재하는 자는 그 시작도 끝도 없으며 헤아릴 수 없는 것이다"라고 말씀하시고 있습니다. 이것은 윤회[40] 속에 있는 자들은 모두 처음도 없고 끝도 없이 계속해서 돌고 있다는 뜻입니다.

기독교의 성경에서도 위의 사실을 입증해 주는 것을 찾아보면, 구약성서『창세기』2장 7절에 "여호와 하나님이 흙으로 사람을 지으시고 생기를 코에 불어넣으시니 사람이 생령(生靈, living soul)이 된지라"라고 기록되어 있습니다.

위의 문장에서, 다시 태어난 인간은 대지의 흙으로부터 최초의 인간인 아담Adam이 만들어졌다는 것과, 여호와 하나님이 그의 생기를 아담의 콧속에 불어넣은 것과, 또 그것에 의해서 그의 생령이 들어가 있음을 알 수 있습니다.

여호와 하나님이 아담의 콧속에 불어넣은 생기는 결코 하나님께서 새롭게 창조한 생기가 아닌 여호와 하나님의 생기인 것입니다. 그와 같이 아담은 여호와 하나님의 영원한 생기(breath)를 받았기 때문에 아담의 생령이 인간의 시작이라고 하는 것은

---

[40] 윤회輪廻: (Skt) (P) Saṃsāra. 사람이 태어나서 죽고, 다시 태어나고를 차바퀴가 돌듯이 계속하는 것을 말한다. 불교에서는 3계界 6도道에서 미혹迷惑의 생사를 거듭하는 것을 의미.

잘못된 편견이라고 말하지 않을 수 없습니다.

현재 살아 있는 사람들의 생기는 그들의 양친으로부터 받은 것이며 양친 부모들은 또한 그들의 선조로부터 받은 것입니다. 이렇게 처음으로 거슬러 올라가면 그 생기는 기독교인들이 주장하는 것과 같이 아담의 생기로부터 시작됐다는 것을 알 수 있습니다. 그러나 아담의 생기를 원점으로 생각할 때 그것은 시작이라는 극단極端의 표현이 아닌 영원한 여호와의 생기인 것을 우리는 알 수 있는 것입니다. 또 여호와 하나님의 생기는 시작이라는 극단이 없기 때문에 인간의 모든 생기는 시작, 즉 처음이라는 것이 없다는 것을 충분히 알 수가 있는 것입니다.

기독교인들이 인간의 신체와 영혼은 여호와 하나님이 창조한 것이라고 믿고 있지만, 그들이 말하는 영혼에는 시작이라는 극단이 없다는 것을 충분히 이해해야만 할 것입니다. 그리고 그 표현은 불법이 올바른 가르침이라는 것을 증명해 주는 것이기도 합니다.

기독교인들이 신앙하고 있는 여호와는 하나님이 아니라는 것을 증명할 수 있는 또 하나의 중요한 증거가 있습니다.

구약성서 『사사기』 11장에 "입다[41]"가 불에 구운 목을 여호와께

---

41 입다: 그리스어 Lephthae, 히브리어 Yiphtāḥ로서 한국성경에서는 히브리어의 발음으로 "입다"라고 발음. 이스라엘 길르앗 사람으로 전쟁에서의

공물로 바쳤다"[42]라는 기록을 볼 수가 있습니다.

이것은 입다가 그의 딸의 목을 잘라 불에 구워서 여호와 하나님께 올리는 예식을 행했다는 것입니다. 기독교인들은 이러한 행위들을 모두 부정하고 있습니다만, 이와 같이 불에 구운 것을 여호와께 올렸다고 하는 것은 로마 가톨릭의 성경에서 충분히 입증시킬 수가 있습니다.

이러한 점들로 미루어 보아서 여호와가 얼마나 인간의 피를 좋아했는가를 알 수 있으며, 그와 같이 인간으로서 용서할 수 없는 비인도적인 공물(供物)을 올리는 것에 대해, 그와 같은 비인도적인 공물을 좋아하는 자가 그 누구인가를 제가 그 이름을 들추지 않아도 여러분들께서는 충분히 아실 줄 믿습니다.

그리고 예수 그리스도는 만 3일 동안 무덤 속에 있었다고 신약성서 『마태복음』 27장 63~66절에 실려 있습니다. 그러나 그것은 그의 예언대로 실행되지 않았습니다.

또 『마태복음』 28장에는 "그리스도는 금요일 무덤에 매장되어

승리를 위해서 무남독녀를 희생시키고 이스라엘 백성을 다스리던 지배자(士師).

[42] 구약성서 『사사기』 11장 30~40절의 내용으로서 '불에 구운'의 뜻은 "번제(燔祭)"의 의미이며, 번제라는 것은 유대인이 하나님께 올리는 제사의 한 가지로 아침·저녁과 안식일 또는 매달 초하루와 무효절·속죄절에 지냄.

서 일요일 새벽에 부활한다"(현재 각 기독교 성경 출판물에는 해당 장소에 이와 같은 기록은 보이지 않는다)고도 실려 있습니다.

저의 대론자인 목사께서 이 점에 대해서 대답을 하려고 하겠지만 그것은 불가능하겠지요. 이 질문은 영국의 대학자인 부레드로우[43]가 어느 중요한 모임에서 기독교에 반대해서 말한 것입니다. 그것은 영국의 신문에도 발표됐습니다. 그 질문을 했을 때 그곳에는 비숍 클라우톤Bishop Cloughton이라는 대단히 고명한 학자도 출석했습니다. 그러나 그도 대답을 하지 못했습니다. 때문에 더 이상 이 문제에 관해서는 언급하지 않기로 하겠습니다.

동양 사람들은 흉조라든가 아니면 길조의 현상들을 잘 믿어 왔습니다. 좋은 일이 일어나기 전에는 좋은 징조가 보이고 나쁜 일이 일어나기 전에는 나쁜 징조가 나타난다는, 길흉의 징조에 대한 입증을 하기 위해서는 얼마든지 많은 증거가 있습니다.

그 한 예를 들어보겠습니다. 예전에 인도에 살고 있던 빈비사

---

[43] 부레드로우(Bradlaugh, Charles, 1833~1891): 영국의 자유사상가, 사회·정치 개량가로서 비종교화 운동의 지도자. 1850년경부터 비종교화 운동을 전개하였으며 1866년 의회개혁연맹에서 활약했다. 1880년부터 매년 영국 하원의원으로 당선됐으며 국회에서의 종교적 선서를 거부해서 의석을 박탈당하기도 했지만, 1886년에 인정을 받았다.

라⁴⁴라고 하는 왕이 있었습니다. 이 왕의 첫 번째 부인이 임신을 했을 때 자기 남편, 즉 왕의 피를 마시고 싶어 했습니다. 왕은 자기 몸에 상처를 내어서 부인에게 피를 먹게 해주었고, 소원대로 피를 마신 부인은 왕자를 낳았습니다. 후에 그 왕자는 자기의 아버지, 즉 빈비사라왕을 죽이고 자기 자신 스스로가 왕이 되었다고 합니다. 이것만 보아도 나쁜 징조가 일어난 후, 즉 흉조가 발생한 뒤에는 반드시 흉한 일이 발생한다는 것을 알 수가 있습니다.

그런가 하면 세기의 성인이라 신앙되고 있는 예수 그리스도가 탄생했을 때도 좋지 못한 징조가 발생했습니다. 신약성서『마태복음』2장 16절에, "베들레헴과 그 모든 지역 안에 살고 있는 2살 이하의 사내아이를 모두 다 죽였다"라고 기술되어 있습니다. 울고 웃는 것 이외에 아무것도 모르는 아무 죄도 없는 천진난만한 어린애들을 죽인 이유는 예수 그리스도의 탄생 때문이었습니다.

반대로 불타가 탄생하였을 때는 그러한 끔찍한 사건들이 있었다고 전하지 않습니다. 석가모니 불타의 생애에 있어서 중요한 일들은 크게 나누어 잉태孕胎, 탄생誕生, 성도成道⁴⁵, 초전법륜初

---

44 빈비사라頻毘娑羅: (Skt) Bimbisara. 중인도 마갈타국의 왕으로, 왕위에 오른 지 50년째 되던 해에 그의 아들 아자세가 왕위를 탈취키 위해서 그를 감옥에 가두게 되어 결국은 아들에 의해 옥사를 당한 비운의 왕.

轉法輪[46] 등인데 이러한 일들이 일어나기 전에 많은 좋은 징조들이 일어나서 모든 사람이 환희심을 일으켰다고 합니다. 즉 귀머거리는 귀가 들리게 되고, 장님으로서 세상을 보지 못하던 사람들은 밝은 세상을 보게 됐으며, 걷지 못하던 사람들이 거짓말처럼 병이 나아서 즐거움을 금치 못하며 걷게 됐으며, 화염 속과 같은 지옥불이 꺼졌으며, 아귀들은 굶주렸던 뱃속을 그득 채웠으며, 불치의 환자들 모두가 자연히 병이 나았다고 합니다.

이와 같은 것들은 불타의 탄생 시 발생한 서른두 가지 길조 중 몇 가지에 지나지 않는 것입니다. 이와 같이 좋은 징조는 불타가 이 세상에서 대단히 좋은 일을 할 위대한 인물이라는 것을 입증시켜 준 좋은 증거인 것입니다.

이와 반대로 그리스도의 탄생 시 발생한 많은 징조들은 그 어느 하나도 길조는 없었으며, 다만 불쌍하게 천진난만한 어린 아기들을 죽인 잔혹한 일들뿐이었습니다.

이러한 것들로 미루어 보면 그리스도가 우리 인간들을 구원하기 위해서 탄생하셨다고 말할 수 있겠습니까? 그리스도의 탄생 시 흉조에 의하면 그리스도는 우리들에게 이상한 종교를 가르쳐 우리들을 지옥에 떨어뜨리기 위해서 태어나신 것이 아닌

---

45 성도: 성불, 성등정각이라고도 함. 불타의 경지에 이름.
46 초전법륜: 석가모니가 도를 깨친 후의 최초의 설법.

가 생각됩니다. 그러므로 기독교에 귀의해서는 좀처럼 우리 인간들이 구제를 받기가 어렵다는 점을 깊이 통찰하시어 주의하기로 합시다.

불타의 탄생 시 최소한 개미 한 마리라도 죽었다고 하는 것을 입증할 만한 그 누군가가 있다고 하면 저는 불교의 신앙을 버리겠습니다. 기독교는 우리들의 친척이 아닙니다. 불타도 우리들의 친척이 아닙니다. 이 두 가지의 종교 중 어느 하나가 진정 올바른 종교라고 하는 것이 판명된다면 그 올바른 종교의 창시자는 우리들의 친척이며, 위대하신 지도자이신 것입니다. 그러므로 올바른 종교를 찾기 위해서 우리 모두 노력합시다.

많은 사람들이 모여 있기 때문에 큰 소리로 화가 난 듯한 목소리로 말씀드리지 않으면 안 되었습니다. 그것은 여러분들께 잘 들리게 하기 위해서였습니다. 이 점 널리 양해해 주시기 바랍니다.

(모호티왓테 구나난다 스님이 대론을 마침.)

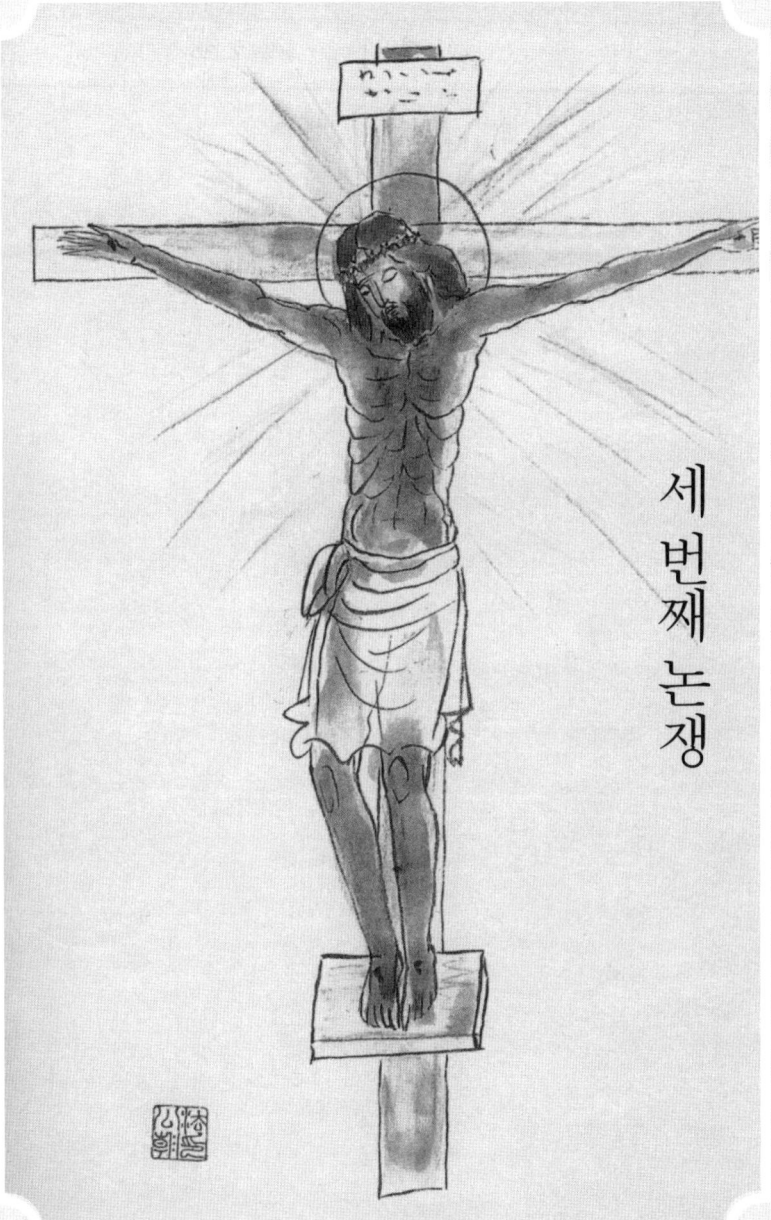

세 번째 논쟁

시리만나 전도사가 행한 대론

1873년 8월 28일 오전 8시부터 9시까지

어떤 사람이 열병에 걸렸을 때는 입맛을 잃어버려 그 맛을 느끼지 못합니다. 이와 같이 불교의 대론자는 이교도異敎徒인 이상 그리스도께서 설교하신 위대한 가르침을 이해할 리가 만무합니다. 기독교 공부를 하지 않으신 분들께서는 기독교에 반대해서 불교가 내세운 내용이 대단히 깊은 의미가 있다고 생각하실지 모르겠습니다만, 다만 몇 주간의 짧은 시간밖에 공부하지 않은 소년들도 간단하게 대답을 할 수 있는 것에 불과한 것이었습니다. 그와 같은 설명에 대하여 제가 대답하기 전에 저는 불교도에 반대해서 기독교 측에서 내놓은 질문에 대해서 그들이 올바른 대답을 하고 있지 않은 것을 지적하지 않으면 안 되겠습니다.

    불교도 대론자의 대답은 기독교 측에서 내놓은 내용을 그대로 인정한 것에 지나지 않습니다. 지금부터 그 참 뜻 몇 가지를 증명해 보이겠습니다.

불교도들이시여! 불교에서는 사람을 구성하고 있는 다섯 개의 부분(오온)은 모두 이 세상에 남고, 죽은 후에 남는 것은 아무것도 없는 것이라고 가르치고 있습니다. 이 전 시간에 저는 이것에 대한 상세한 설명을 했습니다. 거기에서의 우리들의 질문에 대해서 불교 승려의 대답은 다만 그 질문을 인정했을 따름입니다. 그러므로 그 질문에 대하여서는 더 이상 논할 필요가 없다고 생각합니다.

불교에서는 영혼은 형체가 없는 것이라 말하고, 영혼의 형체를 설명하기 어렵다고 말하고 있습니다. 또 불교에서는 무색계無色界[47]의 범천梵天[48]에는 신체는 없고 오직 마음만 있다고 합니다. 영혼도 그와 같다고 설명할 수 있습니다.

"질투하는 하나님(Jealous God)"에 대해서 불교의 승려는 그것을 증명하기 위해 노력했습니다만 무의미한 것이 되고 말았습니

---

47 무색계(無色界, Arūpaloka): 욕계欲界, 색계色界와 함께 3계의 하나. 색계色界 위에 있으면서 물질을 여읜 순 정신적 존재의 세계.

48 범천梵天: (Skt) Brahma-deva. 바라하마천婆羅賀磨天이라고도 쓴다. 범은 맑고 깨끗하다는 뜻. 이 하늘은 욕계의 음욕을 여의어서 항상 깨끗하고 조용하므로 범천이라 한다. 색계 초선천初禪天.

다. 왜냐하면 무한한 도덕적 우수성을 가지고 있는 하나님은 질투심이 있을 리가 없기 때문입니다.

"질투하는 하나님"이라는 말이 성경에 있는 것을 저도 인정합니다. 하나님은 자신이 존경받아야 할 것을 타인에게 하는 것을 좋아하지 않았습니다. 즉 혐오심嫌惡心과 미워함을 가지고 있기 때문에 "질투하는 하나님"이라고 말합니다.

이집트의 주민들에게 열 개의 전염병傳染病을 걸리게 했습니다. 이러한 행위를 한 하나님은 전지전능한 자가 아니라고 불교 측에서 말하고 있습니다. 그러나 하나님이 한 그러한 행위는 그의 전지전능함에는 아무 결점이 되지 않습니다.

십보라가 자기 아들의 음부 표피를 내놓은 것은 모세의 앞에 올린 것이며, 하나님의 앞에 올린 것이 아닙니다. 그것은 잘못된 것입니다. 성경에 "그"라고 하는 대명사를 사용해서 말한 것은 지금 제가 말씀드린 것에 대한 증거가 될 것입니다.

또 하나님이 철로 만든 차車를 두려워했다는 것도 틀린 생각입니다. 왜냐하면 구약성서 『사사기』 4장 13절[49]에 다음과 같이

---

[49] 스리랑카어 원본에서는 『사사기』 3장 15절로 되어 있으나 내용으로 보아 4장 13절이다. 그러나 영역본은 싱할라어를 번역한 것이며, 또 다음의 불교 측이 이에 대한 반론으로 보아, 3장이 정확하며 영역자가 수정한 것임을 알 수 있다.

기록되어 있습니다. "시스라가 모든 철로 만든 차, 곧 철병거 900대와 자기와 함께 있는 모든 군사를 하로셋에서부터 기손강으로 모았다." 또 『출애굽기』 14장 7절에 다음과 같이 설하고 있습니다. "그는 이집트의 모든 병거를 그리고 또 다른 600대의 병거를 모았다." 그러나 유다는 신앙심이 깊지 않았기 때문에 그는 철병거를 취할 수가 없었습니다. 유다와 같이 있던 여호와는 모든 승리를 할 수가 있었습니다. 그러나 유다는 골짜기에 있던 철병거를 보고 두려워했기 때문에 그의 신앙이 떨어지게 되었습니다. 신앙이 떨어진 것 때문에 그가 전쟁에서 진 것은 확실합니다. 그렇기 때문에 여호와는 유다와 같이 있어도 이 패전이 하나님의 불명예는 되지 않습니다.

또 하나님이 아담의 콧속에 생기를 불어넣었다는 것도, 그 생기에 의해서 하나님의 생기는 아담의 몸속으로 들어갔다라고 말한 것도 틀린 것입니다. 만약 누군가가 어떤 사람의 귀에 한 방울의 기름을 떨어뜨려 넣은 것으로 인해서 이것을 떨어뜨려 놓은 사람의 생명의 일부분이 상대방의 몸에 들어갔다고 한다면 누가 그것을 믿겠습니까? 콧속에 생기를 불어넣었다고 하는 것은 표현 방법에 지나지 않으며, 그 참 뜻은 하나님이 인간들에게 생명을 부여했다는 의미입니다.

그리고 입다의 딸을 죽여서 하나님께 올렸다고는 말할 수 없습니다. 왜냐하면 하나님은 인간의 신체를 제물로 바치는 것을 금지하고 있기 때문입니다. 더욱이 만약 그 누군가가 그러한 제물을 올리는 짓을 했다고 하면, 그 사람이 그런 경우 지켜야만 하는 규칙을 만들 것입니다. 다시 말해서 희생자는 제사를 지내는 사람에게 상당한 돈을 주고 풀려 나왔을 것입니다. 그러나 입다 자신의 서원에 의해서 이 제물을 헌납했다고 성경에서 말하고 있습니다. 즉 입다의 서원은 그가 승리하고 집으로 돌아가는 도중에 그가 만난 제일 첫 번째의 그 누구든지 번제(燔祭, burnt offering)로서 여호와에게 헌납하는 것이었습니다. 그러나 생각에 따라서는 그 여자를 여호와에게 올리지 않았다고도 말할 수 있지만, 입다가 서원을 실천했다고 기록되어 있는 것은 사실입니다.

다만 우리들이 말할 수 있는 것은 그 여자를 하나님께 올렸다고 말할 수 있는 것뿐입니다. 그렇지만 그녀는 죽지 않았습니다.[50] 왜냐하면 그녀는 죽는 것에 대해서는 슬퍼하지 않았지만, 다만

---

50 그녀가 죽지 않았다고 전도사는 말하고 있지만 구약성서 『사사기』 11장 39절에 의하면 "두 달 만에 그 아비에게로 돌아온지라 아비가 그 서원한 대로 딸에게 행(行)하니 딸이 남자를 알지 못하고 죽으니라"라고 기록되어 있는 것으로 보아, 그녀는 부친인 입다가 번제로 올린 것임을 알 수 있다.

그녀의 친구들과 함께 처녀의 순결에 대해서 2개월간 탄식했을 따름이었기 때문입니다. 만약 하나님이 헌납하는 것을 인정하지 않았다면 입다가 서원대로 헌납을 실천했다고 말함에 하나님에게 어떤 비난이나 불명예스런 것이 못됩니다.

또 불교 측의 친구는 "예수 그리스도가 무덤 속에 삼일 낮 삼일 밤을 있었다"고 잘못된 생각을 했습니다.

이러한 것들을 증명하기 위해서 불가지론자不可知論者인 유럽의 학자 비숍 클라우톤의 도움을 얻을까 합니다.

저는 여기에서 그 질문에 대한 것을 극히 간결하게 대답하겠습니다. 이 문장을 우리들은 정말로 3일간이라고 이해할 수 있을까요? 히브리어의 취급 방법에 의하면 낮 3일, 밤 3일이라고도 해석할 수가 있습니다. 일(日, Day)의 일부에 대해서 말할 때에도 그날(日) 전체를 표현해 말하는 것은 유대인의 습관인 것입니다. 이 방법에 의해서 낮 3일도 밤 3일로 이해할 수가 있습니다. 이것에 대해서는 더 이상 말씀드리지 않겠습니다.

다음으로 예수 그리스도께서 태어나셨을 때, 몇 천 명의 남자 아기를 죽였다고 불교의 대표자인 그가 말했습니다만 어린애들을 죽인 것은 그리스도의 탄생일이 아니었습니다. 그의 탄생일에 그러한 사건이 일어났다고 성경의 어느 곳에도 기록되어 있지 않으며 그 누구도 그것을 증명할 수가 없습니다.

다만 확실한 것은 헤롯[51]이라는 잔인무도한 자가 왕위에 올랐다는 사실입니다. 그가 얼마나 잔인무도한 행위를 했는가에 대해서는 다음의 성경 말씀에서도 알 수 있습니다. "대단히 노한 헤롯왕은 사람을 보내어 베들레헴과 그 모든 지역 안에 있는 남자아이를 박사들에게 철저하게 조사를 하게 한 뒤, 그 시기를 표준으로 하여 두 살 이하의 남자아이들을 모두 죽이도록 명하여 모두 죽게 됐습니다."[52] 이 같은 조치를 왜 취했는가 하면, 그 자신이 유대 왕국의 왕권을 탈위 당할까 두려워서였습니다. 그러므로 이 왕이 저지른 죄 많은 잔인무도한 행동이 어찌 그리스도의 불명예가 되겠습니까? 결코 그리스도의 명예와는 아무 관계가 없는 것입니다. 그렇기 때문에 이에 관해서도 더욱 구체적인 설명이 필요치 않다고 봅니다.

불타의 탄생일에는 개미 한 마리도 죽이지 않았다고 불교의 대표자인 그가 말했습니다. 그리고 만약 그러한 사건이 일어났다고 증명할 수가 있다면 불교에 대한 그의 신앙을 버리겠다고

---

51 헤롯: Herodes. 예수 그리스도의 탄생 당시 유대인의 왕이었던 그는 예수 그리스도의 탄생을 두려워해서 예수 그리스도가 숨어 있다고 예상되는 베들레헴과 그 주변에 있는 두 살 이하의 사내아이들을 모두 죽이도록 명령하여 살해했음.

52 『마태복음』 2장 16절.

말했습니다. 불타의 탄생에 의해서 한 마리의 개미보다 위대한 인물이 죽은 것을 저는 여기에서 증명해 보이겠습니다.

불교의 경전에 의하면 불타의 어머니는 그가 탄생하고부터 일주일 후에 숨졌다고 합니다. 불타의 어머니는 한 마리의 개미보다 위대한 생명체가 아닐까요? 불교의 여러 가지 경전에 인간과 다른 동물들이 사자의 으르렁대는 소리를 들으면 죽을 것이라고 말하고 있습니다. 그런데 불타가 탄생하던 날 사자의 목소리를 들었다고 합니다. 범천(하늘)까지 들린 사자의 으르렁대는 소리를 듣고서 과연 몇 명이나 죽었을까요? 다른 여러 가지 사건들이 일어난 것들의 원인, 다시 말해서 많은 생명체가 죽은 것은 불타의 탄생이 그 원인입니다. 이러한 것들에 대해서 이외에 더 말할 필요가 없다고 봅니다. 지금까지 말한 것만으로도 충분하다고 생각합니다. 그리고 승려가 말하는 좋은 징조와 나쁜 징조에 대한 우리들의 해석도 충분히 듣고서 판단하시길 여러분께 부탁드리는 바입니다.

죄를 지은 것으로 인해서 지옥으로 떨어질 운명인 인간들을 구제하기 위해서 그리스도께서 인류의 세계에 나타나시었습니다. 그러나 예수 그리스도께서 탄생하셨을 때 헤롯왕의 잔인무도한 군대와 그가 지휘하는 모든 무리들은 자신들의 왕국을 존속시키기 위해서 "적군이 아군을 멸망시키기 위해서 침공해 온다", "그 적군들을 전멸시키지 않으면 안 된다", "그들을 모두 죽이지 않으면 안 된다"라고 군중들에게 큰 소리로 계속해서 외쳤던 것입니다.

이와 같이 헤롯왕이 통솔하는 모든 무리들은 그리스도가 불길한 전조前兆를 가져오게 하는 죄 많은 적이라고 모든 사람에게 생각을 주입시켰던 것입니다.

이로서 불교의 대표자인 승려가 기독교에 반대해서 들추어낸 질문에 저는 충분히 대답했다고 봅니다.

지금부터 불교가 얼마나 부자연스러운 것이며 비합리적인 종교인가에 대하여 말씀드리겠습니다.

불교 신자들이시여! 당신들이 신앙하고 있는 경·율·론 삼장 經律論 三藏이라고 하는 경전에 기록되어 있는 이 책들은 불타가 태어난 나라에서 기록한 것도 아니며, 그가 태어난 그 당시에 기록한 것도 아닙니다. 그 책들은 인도에서도 대단히 멀리 떨어져 있는 스리랑카라는 이 조그만 섬나라 마탈레Matale라는 지방의 알루위하레Aluvihare라는 절에서 불타가 죽고 453년이나 지난 후에 기록한 것입니다. 역사적인 모든 기록에서도 이것을 증명하고 있습니다.

불교도들이시여! 불타가 태어난 곳에서도 대단히 멀리 떨어진 곳에서, 그리고 태어난 그 당시로부터도 상당히 세월이 지나

버린 시기에 기록된 그러한 책들의 가르침을 불타의 진정한 가르침이라고 어찌 믿을 수가 있겠습니까?

고오타마[53]가 불타가 되기 위해서 행한 좋은 본보기의 하나로 자기의 부인과 아이들을 기부했다고 하는 것이 기록되어 있습니다. 『베산타라 자아타카』[54]를 읽으신 분은 베산타라 왕이 얼마나 비참한 이유로 자신의 아들을 보시했는가를 알 수가 있을 것입니다. 그 위에 차리티라는 자기 부인까지도 보시를 했던 것입니다.

만약 누군가 최저 1개월간이라도 자기 가족, 다시 말해서 부인과 자식들에게 생활을 보장해 주지 않는다면 법률에 의해서 정부로부터 벌을 받게 됩니다.

오늘날 만약 자기 자신의 공덕을 쌓기 위해서 자기 부인을 타인에게 기부한다면 주위의 많은 사람들은 그에게 돌을 던지지 않을까요? 그런데 보시布施[55]로서 그녀를 올리면 대지의 모래보

---

[53] 고오타마Gotama: 불타의 성씨. '최상의 소(牛)'라는 의미로서 소를 신성시하는 인도에서 고오타마라는 것은 '최대의 축복'의 뜻으로 훌륭한 성姓씨의 칭호이다.

[54] 『베산타라 자아타카Vessantara Jātaka』: 『베산타라 본생경』이라 하며 석가가 붓다가 되기 위해서 겪은 그의 전생의 수행과정을 기록한 파알리어 경전으로, 붓다가 전생에 베산타라 왕으로 태어나서 무아의 정신으로 철저한 보시행을 보여준 것을 기록한 경전.(Jātaka. vol. VI, pp. 479~596. PTS. London. 1896)

다도 더욱 헤아릴 수 없는 공덕이 많다고 하며, 그가 보시한 피의 양은 큰 바다의 물보다도 더욱 많다고 하고, 그가 준 왕관을 쓴 자기의 머리는 수미산[56]보다 더욱 높다고 찬탄하고 있습니다.

우리 인간들이 이 정도로 보시의 행위를 하기 위해서는 자살하지 않고서는 견딜 수 없는 고통을 맛보지 않으면 안 될 것입니다. 그러나 자살이라는 것은 살인죄와 똑같은 것으로서 대단히 사악한 행동인 것입니다.

이상으로 말씀드린 것은 『아마아바투라Amāvatura』 등에 기록되어 있습니다.

깨달음을 위해 고오타마 불타가 행한 선행이라는 것은 모두 이와 같은 것들입니다. 이와 같은 행위를 정말로 선행善行이라고 할 수 있겠습니까? 현명하신 여러분들께서는 깊이 생각해 주시기 바랍니다.

고오타마 불타의 전지전능의 능력은 대단히 훌륭했습니다. 그가 일체의 지혜를 가지고서 이미 존재하지 않는 물건들을

---

55 보시布施: (Skt) Dāna. 단나檀那라고 음역. 자비심으로써 다른 이에게 조건 없이 주거나 베푸는 일.

56 수미산: (Skt) Sumeru-parvata. 묘고妙高, 묘광妙光, 안명安明, 선적善積이라 번역. 불교의 우주관에 의하면 세계의 중심에 높게 우뚝 솟은 거대한 산이다.

존재하는 물건으로 보았고, 또 생존하고 있는 것은 생존하지 않는 것같이 보았던 것입니다.

이와 같이 그의 일체의 지혜라는 것을 입증하기 위해서 몇 가지 예를 들겠습니다. 『대품(Mahāvagga)』[57]이라는 경전에 다음과 같은 에피소드가 있습니다.

불타가 된 후 불타는 자신의 깨침을 이해할 수 있는 사람이 그 누구도 없는 것으로 생각하고서 설법을 하지 않기로 생각했습니다. 그때 하늘(대범천, 大梵天)에서 "당신의 깨달은 진리(dhamma)를 이해할 수 있는 사람이 있다"고 설득하여, 그 후 불타는 생각을 달리해 자신이 깨친 진리를 설하기로 결정했다고 합니다.(율장 Ⅰ, pp.4~7)

또한 불타는 당시 이미 죽어 없어진 알라라카라마Ālārakālāma에게 설법하려고 생각했습니다. 그때 어느 신이 알라라카라마는 이미 죽었다고 전하자 그 후 웃다카라마풋타Uddakāramaputta에게 설법하려고 생각했습니다.[58] 그러나 그때는 그도 역시 이미

---

57 수행자들의 규칙과, 규칙을 지킴으로 인한 공덕 등을 상설한 파알리어 성전 중의 하나로 율장.

58 알라라카라마, 웃다카라마풋타: 불타가 출가 후 깨달음의 길에 대한 수행을 지도 받기 위해서 방문하여 문답을 했던 당시 인도의 유명한 수행자.

이 세상에 생존치 않고 있었습니다.

이상과 같은 기록을 재정리하면, 제일 처음 고오타마 불타는 자신이 깨달은 진리를 이 세상에서 그 누구도 이해할 수 없다고 생각해, 어느 누구에게도 가르치지 않겠다고 생각했습니다. 그때 대범천이 그가 깨달은 진리 내용을 이해할 수 있는 사람이 있다고 충고해, 자신의 생각을 바꾸었던 것입니다. 그리고 그는 이미 죽어 없어진 알라라카라마와 웃다카라마풋타 두 사람에게 설법하려고 했었습니다. 그러나 이 두 사람 모두 죽어 없어져 이 세상에 존재치 않음을 대범천으로부터 충고를 받았습니다.

이와 같이 불타는 아무런 지적 능력을 갖고 있지 않았다는 것을 암시해 주는 또 다른 증명은 얼마든지 있습니다만 시간이 없기 때문에 더 이상 말씀드릴 수가 없습니다. 이것에 대해서는 일단 여기에서 마치기로 하겠습니다.

다음은 여러분들이 귀의처(歸依處, 의지처)로 하는 불佛·법法·승僧이라고 하는 세 가지 보배, 즉 삼보三寶에 대해서 말씀드리기로 하겠습니다. 첫 번째로는 불타에게 귀의합니다[59], 두 번째로 그가 설한 법에 귀의합니다[60], 세 번째로는 승려들에게 귀의합니다[61]라고 언제나 불도들은 독송합니다.

---

59 Buddhaṃ Saraṇaṃ Gacchāmi
60 Dhammaṃ Saraṇaṃ Gacchāmi

이 중에 그 첫 번째, 불타에게 귀의한다고 합니다만 불타는 이미 죽었습니다. 죽은 불타에게 귀의해야 무슨 의미가 있겠습니까?

그리고 두 번째, 어떠한 의지처를 법에서 얻을 수가 있겠습니까? 불교도들이 법이라고 하는 것은 나뭇잎에 기록되어진 단지 하나의 보통의 책에 불과하지 않습니까? 그러한 책들은 당신들 불교도들에 의해서 보호되고 있습니다. 그러나 그 책들은 당신들을 보호할 수가 없습니다.

또 세 번째, 당신들이 의지처로 하는 승려들에 대해서도 저는 오직 경악을 금할 길이 없습니다.

당신들은 승려들이 도대체 어떤 인물들이라는 것을 잘 아실 것입니다. 그러므로 이에 대해 더 이상 말하고 싶지 않지만 과감히 말씀을 드릴 것 같으면, 승려들이라고 자칭하면서 악한 마음과 무지와 욕정, 그리고 욕망과 야망 등으로 부도덕한 행위를 일삼고, 어떤 죄악도 서슴지 않고 저지를 가능성을 충분히 가지고 있는 인간들입니다.

스리랑카 승려들의 단체는 샴(Siamese)[62]파와 버마(Burmese)[63]

---

61 Saṇghaṃ Saraṇaṃ Gacchāmi

62 샴파(Siyam nikāya): 스리랑카 최대의 불교 종파.

63 버마파(Burmese): 샴파 다음으로 큰 스리랑카 제2의 불교 종파로서, 이

파 두 개의 종파로 나뉘어져 있습니다(지금 현재는 3개의 종파). 그중 어느 한 파의 승려들은 타 종파의 승려들을 부도덕한 자들이며, 더욱이 사미[64] 혹은 비구[65]들이 계율을 지키지 않는다고 비방하는 것이 보통입니다. 이와 같이 비방을 받은 종파의 승려들도 또 똑같은 비방을 일삼고 있습니다.

이상과 같은 사실은 〈리더스 키라나Readers kirana〉와 〈냐아노 파아야니Naṇo-pāyani〉 및 그 밖의 (당시의 스리랑카) 신문들을 읽으면 위에서 말한 것들을 잘 아실 줄 압니다. 왜냐하면 양 종파의 사람들은 이 신문들을 이용해서 양측의 의견을 발표하고 있기 때문입니다.

여러분들은 그 어느 쪽의 말을 믿으시겠습니까? 그 어느 의견도 신용할 필요가 없습니다. 왜냐하면 양측 모두 승복을 걸칠 자격이 없는 무뢰한들이기 때문입니다. 모두 없애 버리지 않으면 안 될 자들입니다.

종파는 오늘날의 아마라푸라파(Amarapura nikāya)와 라만냐파(Ramañña nikāya)를 말함.

64 사미沙彌: (P) Samanera의 음사로서 비구승이 되기 이전 10계를 수지한 7세 이상 20세 미만의 불문에 출가한 남자 승려.

65 비구比丘: (P) bhikkhu, (S) bhikṣu의 음사로 수행승·수행자·불교승려의 의미로서, 불문에 출가하여 사미 수행을 무사히 끝내고 비구의 250계를 수지·수행하는 남자 승려.

여러분!

이와 같이 삼귀의(불·법·승에 귀의하는 것)라는 것은 전혀 무의미하다는 것을 아시고 그것을 모두 털어 버리시고 만물의 창조주이시며 세상의 수호신이신 하나님께 귀의하십시오. 오직 유일한 구세주이신 예수 그리스도를 믿으십시오.

그곳에 여러분들의 구원이 기다리고 있습니다.

(이상 전도사 시리만나 씨가 그의 발언을 마침.)

모호티왓테 구나난다 스님의 대론

1873년 8월 28일 오전 9시부터 10시까지

저의 대론자인 전도사 시리만나 씨의 불교에 대한 반대 발언은 대단히 현명하지 못한 발언이었음을 지적하지 않을 수 없습니다.

그의 발언의 첫 번째는 열병에 관해서였습니다. 그것은 너무나 무의미한 발언들이었습니다. 그러므로 그것에 관해서 대답할 여지조차 없는 것이라 생각하는 바입니다.

그리고 기독교 측에서 말한 오온에 관한 이야기가 불교도들의 논증에 의해서 지지되었다고 전혀 다른 거짓말을 했습니다.

오온에 대한 기독교의 비판을 제가 이미 논파한 것을 여러분들께서는 잘 아실 것입니다. 때문에 더 이상 오온에 관해서는 말씀드릴 필요가 없다고 생각합니다.

그리고 "질투하는 하나님(Jealous God)"에 대한 낱말에 관한 그의 해석은 대단히 명쾌한 것이었다고 생각합니다.

즉, 다른 일체의 신을 신앙하는 것을 절대로 용서치 않는 하나님에 대한 전도사의 설명은 여호와가 질투심이 격심한 신이라는 것을 더욱 확증하게 해주었습니다.[66]

하나님은 자기 외의 다른 신을 존경하거나 다른 신에게 헌납하는 것을 그 자신이 좋아하지 않습니다. 때문에 나의 대론자인 전도사는 "질투하는 하나님"이라고 불렀습니다.

만약 어떤 사람이 타인의 행복한 생활을 보고서 그것을 질투한다면 그것은 곧 남을 증오하는 한 상태인 것입니다.

다시 말해서 그 어느 누구라 해도 남의 성공을 질투함이 있다면 그 사람이 타인의 성공에 대한 증오감을 가지고 있음을 알 수 있습니다. 이와 같은 행위를 질투라고 하는 것이 아닐까요?

---

[66] 이 설명을 좀 더 이해하기 쉽도록 구약성서의 해당 부분을 인용하면 다음과 같다. "너는 나 외에는 다른 신들을 네게 있게 말지니라. 너를 위하여 새긴 우상을 만들지 말고, 또 위로 하늘에 있는 것이나 아래로 땅에 있는 것이나 땅 아래 물속에 있는 것의 아무 형상이든지 만들지 말며, 그것들에게 절하지 말며, 그것들을 섬기지 말라. 나 여호와 너의 하나님은 질투하는 하나님인즉, 나를 미워하는 자의 죄를 갚되 아버지로부터 아들에게로 3, 4대까지 이르게 하거니와 나를 사랑하고 내 계명을 지키는 자에게는 1000대까지 은혜를 베푸느니라."(『출애굽기』 20장, 3-6절)

그리고 "질투하는 하나님"에 상당하는 스리랑카 말 번역인 "즈와리타 데비요(Jwalita Deviyo, 빛나는 하나님)"에 대한 그의 해석도, 이 말이 뜻하고 있는 정의와는 전혀 다른 타당치 못한 설명이었다고 말하지 않을 수 없습니다.

"만약 첫 번째의 기적[67]을 믿지 않는다면, 그리고 두 번째의 기적도 믿지 않는다면, 세 번째의 기적을 믿어라"라고 여호와가 모세에게 말하는 것은, 여호와가 아무것도 자기 자신이 확실한 결정을 할 수가 없는 것이었음을 여실히 보여주고 있는 것입니다. 이런 것으로 보아 여호아가 전혀 지혜가 없음은 그들 자신들의 설명에 의해서 확실해졌습니다. 이와 같은 것은 이미 이 앞에서도 제가 말씀드리고 기독교 측에 질문했으나, 그 답변으로서 전도사는 이집트 주민들의 전염병에 대해서 말했습니다. 그 전염병에 대한 답변은 저의 질문에 대한 답변이 전혀 되지 않았습니다. 그가 말한 것은 저의 질문에 대한 적절한 답변이 되지 않았다는 것을 여러분들은 잘 아실 것입니다. 그러므로 이것에 대해서 이 이상 말할 필요가 없다고 봅니다.

---

[67] 이 말에 대한 영역본은 "miracle"인데 오늘날의 각국에서 발행한 성경, 즉 일본 성서협회 〈성서〉(1986년)에서는 "표시", 한국의 대한성서공회에서는 "이적의 표징", 미국의 Princeton University Press "The Reader's Bible"(1977)에서는 "sign"으로 기록하고 있음.

제가 모세 아들의 음부의 피부를 잘라 낸 할례제에 대하여 말한 것을 전도사께서는 전혀 모르고 있었습니다. 만약에 그것을 이해했다고 하면 베어 낸 피부를 모세의 앞에 내놓았다고 말하지 않았을 것입니다.

기독교 성경에 의하면 여호와가 모세를 죽이려고 했을 때, 여호와가 무엇을 하려고 하는지를 미리 안 십보라가 그의 아들의 음부 껍질을 잘라서 그것을 여호와의 앞에 내놓음으로써 모세를 죽기 일보직전에서 구했습니다.

여호와에게 죽음을 선고받은 모세의 운명이므로 그 누구도 그를 구할 수는 없었던 것입니다. 다시 말해서 어떤 사람도 그를 구원할 수 없을 때, 모세를 죽이려고 하는 그 당사자에게 헌납하지 않으면 아무 효과가 없는 것입니다. 그러므로 여호와에게 그 제물을 올린 것은 극히 당연한 것이 아니겠습니까?

남자의 음부를 자르는, 즉 할례제는 여호와의 계시啓示이며, 모세는 그 계시에 따르지 않았기 때문에 그를 죽이려고 했다고 저의 대론자인 전도사께서 말했지만, 이 답변에 의해서 여호와는 인간의 고기와 피를 좋아했다는 것을 확실히 알 수가 있습니다. 그러므로 이것에 관해서도 더 이상 말하고 싶지 않았습니다.

그리고 철병거에 대해서 저의 질문에 대한 그의 답변 또한 전혀 적절하지 않았습니다. 여호와가 900대의 철병거 가운데 있던 군대에게 이겼다고 저의 대론자는 말했습니다. 그리고 그것을 입증시키기 위해서 구약성서 『사사기』의 3장 3~15절을 인용했습니다. 그러나 그 문장은 구약성서에서는 찾아볼 수가 없습니다.

인용한 성경에서 발견할 수 없는 문장을 많은 사람들 앞에서 증거로서 말씀드린다는 것은 저로서는 오직 놀람을 금할 길이 없을 뿐입니다. 전혀 옳지 못한 종교를 신앙하는 사람은 이같이 거짓을 늘어놓아도 그렇게 죄의식을 느끼지 않는지 모르겠습니다.

저의 대론자인 전도사로서는 여호와가 철병거를 무서워[68]하지 않았다는 것을 증명해 보이는 것은 결코 가능하지 못할 것입니다.

그는 신앙이 부족했기 때문에 유다가 싸움에서 졌다고 하였으나 그것은 여호와가 전지전능하신 분이 아니라는 것을 보충해 주는 증거가 아니고 무엇이겠습니까?

유다가 신앙이 부족해서 싸움에서 졌다고 하고 여호와가 철물을 무서워하지 않았다고 우리들의 대론자인 전도사가 공언한

---

[68] 불전에 의하면 철물을 무서워하는 것은 야차(夜叉, Yaksa, Yakkha, 인간을 잡아먹는다는 악마의 일종)라고 한다. 그래서 야차로부터 어린애들을 보호하기 위해서 16년 동안이나 철로 만든 집(ayoghara) 속에서 아이들을 길렀다고 한다.(Jātaka.Ⅵ, p.492)

것은 여러분들께서 모두 들으셨을 것입니다.

그의 말처럼 만약 여호와가 철물을 무서워하지 않았다면 유다도 함께 있었음에도 불구하고 왜 싸움에서 승리를 하지 못했을까요?

그리고 만약 싸움에 진 이유가 유다의 신앙 부족이었다면 일체의 지혜를 가지고 있는 여호와가 신앙을 가지고 있지 않은 사람에게 원조를 한 것은 무엇 때문일까요?

이와 같은 질문에 답변한다는 것은 감추어져 있는 그들의 결점과 모순을 표면화시키는 것이기 때문에 답변을 회피한 것으로 여겨집니다. 그렇기 때문에 저는 이 문제에 대해서 더 이상 거론하고 싶지 않습니다.

또 귀에다 기름을 불어넣은 것에 대해서도 저의 대론자 전도사의 답변은 전혀 무의미했습니다. 귓속에 기름을 넣는다는 것이 생기를 넣었다는 것과는 일치한다고 말할 수 없습니다.

여호와가 아담의 콧속에 생기를 불어넣었다고 하는 것은 여호와의 생명이 아담의 몸속에 들어간 것이 됩니다. 여호와의 생명이 아담의 몸속에 들어가지 않았다고 증명하기 위해서 전도사가 들고 나온 이론도 적절하지 못했습니다. 때문에 더 이상 말할 필요가 없습니다.

또 입다의 딸의 목을 자르지 않았다고 전도사가 말을 했습니다. 여호와에게 상당하는 금액을 지불하고 그녀를 구했다고 그가 말했습니다. 만약 전도사가 말한 것과 같이 그녀가 죽음으로부터 해방되었다면 입다의 서원이 실천되었다고 왜 성경에 기록되어 있습니까? 입다의 서원은 그가 암몬 자손들에게 승리를 해서 집으로 돌아가는 도중에 누구든지 자기 집 문에서 나와서 자신을 영접하는 한 사람을 번제로서 여호와에게 헌납하는 것이었습니다.(구약성서『사사기』11장 39절)

이 서원을 실천했다고(『사사기』11장 39절) 기록되어 있으므로 그는 실제로 자기 딸을 여호와에게 헌납했다는 것으로 이해할 수가 있습니다.

이것은 여호와에게 번제로서 헌납했다는 것이 확실합니다. 입다의 딸의 목을 잘라 번제로서 여호와에게 바쳤다는 또 하나의 증거가 있습니다. 그것은 로마 가톨릭의 성경이 그 증거입니다. (그는 청중들에게 성경을 보였다.)

여기에 있는 이 성경에서 입다의 딸의 목을 잘라 구워서 올리는 제물(번제)로서 여호와에게 바쳤다고 전하고 있습니다.

이와 같이 성경에 기록되어 있는 엄연한 사실을 부정하려고 하는 우리들 주변 일부 사람들과 이러한 문제들을 논하는 것을 결코 이상적理想的이라 볼 수 없겠습니다. 그러므로 저는 이러한 문제들에 대해서 더 이상 말하지 않기로 하겠습니다.

저의 대론자 전도사는 또 유태인들의 일과를 오전 6시부터 계산하고 있으므로, 그의 계산 방법에 따르면 예수 그리스도의 육체가 3일 낮밤을 무덤 속에서 있었다는 것이 됩니다. 그러한 무의미한 것들을 듣는 것이 저의 본뜻이 아닙니다. 왜 제가 이와 같은 멍청한 소리에 대답을 하지 않으면 안 됩니까? 그러므로 그와 같이 바보 같은 소리는 그만 두시기 바랍니다. 저나 이곳에 모이신 여러분들이 이 같은 전혀 무의미한 이야기를 듣는 것이 본뜻이 아닙니다.

만약 이 전도사가 말하는 계산식에 의하여 해가 뜨는 것이 6시라고 생각한다면, 그리스도의 부활은 토요일 오전 6시 전에 일어났어야 합니다. 다시 말해서 안식일 시작의 전날인 것입니다. 그러므로 일요일은 어떤 방식으로도 그 계산에 포함될 수가 없습니다. 때문에 3일간이라는 것은 3일로 간주될 수 없는 것입니다.

이러한 비논리적인 말들에 이 이상 상대하는 것은 시간 낭비입니다. 그러므로 이 문제에 관해서는 이것으로 마치기로 하겠습니다.

여기에서 저는 당신들 기독교인들을 대표해 대론하는 목사와 전도사의 새빨간 거짓 주장에 대하여 지적하지 않으면 안 되겠습니다.

목사께서는 마치 제가 어린 아기들의 살해 사건이 예수 그리스도가 탄생한 날이었다고 말한 것처럼 말했습니다. 그러나 실제로 제가 말씀드린 것은 그리스도께서 태어난 그 시기에, 그리스도가 탄생했다는 이유가 있었기 때문에 헤롯왕에 의해서 아무 죄 없는 어린애들이 죽임을 당한 것이라고 말한 것입니다.

이러한 발언은 이상의 지적과 같이, 이 목사는 거짓을 말해도 조금도 부끄럽지 않게 생각하기 때문에 이 같은 거짓 주장을 서슴지 않았을 것입니다. 필경 이 같은 사실로 인해서 예수 그리스도가 불명예스럽게 되는 것을 어떻게 하든 은폐시키려고 노력한 것이라 생각됩니다만, 결국은 숨길 수가 없어 이와 같은 거짓을 나열치 않을 수 없었음에 틀림없습니다.

더불어 그런 불명예와 이와 같은 종류들의 소문을 가지고서 불타의 명예에도 먹칠을 하려고 불타의 어머님이 불타의 탄생 7일 후에 죽었다고 했습니다. 그러나 불타의 어머님이 돌아가신 것은 불타를 낳았기 때문이 아니고 그녀의 수명이 끝났기 때문입니다. 불교의 성전에 의하면 하늘(범천)에서 내려와서 모체에 임신하기 전에 다섯 종류의 조건이 있었는데, 그 첫째가 불타의 모친에 대한 장래의 수명이었습니다. 그것은 어머니의 수명이 10개월하고 7일간 남았을 시점에서 보살(Bodhisatta)이 내려와 그녀의 태내에 잉태되는 것이었습니다. 그렇기 때문에 10개월간의 임신 기간을 빼고 나면 7일만이 남을 뿐입니다. 그러므로 불타의 탄생 7일 후에 돌아가시는 것은 당연한 것이 아니겠습니까?

이렇게 진실을 왜곡하고 무엇이 사실인지 아닌지를 모르고 허망된 말만을 하는 이러한 사람들은 어떤 논쟁의 대상이 된다고 생각되지 않습니다.

그리고 또 하나, 전도사가 반론으로 주장한 가운데 웃을 수도 없는 어리석은 소리가 있었습니다. 그것은 불타가 태어났을 때 사자의 울음소리가 들렸고 그 소리는 다수의 생명체들의 생명을 빼앗아갔다고 한 점입니다.

이러한 전도사의 주장은 결코 우리 불교 측에 어떠한 불명예도 주질 못했습니다. 그것은 오히려 전도사 자신의 무지몽매함을 드러낸 결과를 초래했을 뿐입니다.

불타가 태어났을 때 불타의 울음소리가 사자의 소리라고 하는 것은 불타의 위대함을 사자의 목소리로 표현한 것입니다. 즉 라자싱하Rājasingha라고 하는 것은 "위대한 왕"이라는 뜻입니다.

그것은 결코 동물들의 왕인 사자를 뜻하는 것이 아닙니다. 여기에서 말하는 싱하 혹은 사자라는 것은 "위대함" 또는 "고귀(高貴, noble)"를 의미하는 것입니다.

만약 불교 경전 중 그 어느 곳에서라도 불타의 탄생에 의해서 어떤 생명체에 조금이라도 해를 주었다고 기록되어 있는 것을 발견할 수 있다면 당신은 그것을 입증시켜 주시길 바라는 바입니다.

예수 그리스도께서 태어날 당시 일어난 일들, 즉 어린 아기들이 참혹히 대량으로 학살당한 불명예스러운 일들이 그리스도께 돌아오는 것을 약간 부드럽게 하기 위해서 저의 대론자는 예수 그리스도께서는 범죄 행위의 절대 반대자라고 강조했습니다. 그리고 어린애들의 죽음에 대한 전조前兆가 있었다고 말했습니다. 이 같은 전도사의 변명은 대단히 저질적인 수준의 발언이었습니다.

왜냐하면 범죄의 전조를 나타냈다고 하는 것은 범죄 행위의 반대론자가 아니고 사악邪惡한 사람인 것을 나타내고 있는 것입니다. 만약에 세상에서 좋은 일을 하려고 그 사명감을 가지고 태어나는 사람이라면 그 사람의 탄생에서 일어나는 전조는 좋은 징조가 일어나야만 하는 것이 당연한 것이 아니겠습니까?

천진난만한 어린애들이 대량으로 잔혹하게 살해된다는 것은 결코 좋은 전조라고 할 수 없을 것입니다. 그러므로 그리스도의 탄생이 결코 좋은 길조라 할 수 없습니다.

예를 들어서 만약 어떤 사람이 여행을 하던 중 착한 사람을 만나고 좋은 것을 접하게 되면 길조라 하고, 그와 반대로 나쁜 사람을 만나고 좋지 않은 것을 접하게 되면 흉조라 하여 마음먹었던 여행도 그만두는 것이 일반적인 상식이 아니겠습니까?

그럼에도 불구하고 저의 대론자인 전도사께서는 진실을 진실로 받아들이지 않으려 합니다.

또한 전도사는 참으로 뻔뻔스런 사람이라고 말하지 않을 수 없습니다. 그의 비상식적인 것에 대해서는 이미 이 앞에서 누차 말씀드렸으므로 이 이상 반복하고 싶지 않습니다.

그럼 이쯤에서 저의 대론자가 말한 불교에 대한 질문에 대해서 답변을 하겠습니다. 저번 화요일(1873년 8월 26일) 저의 대론자인 목사께서 연기설緣起說에 관해 반론하셨기에 저는 그 후에 다시 설명드릴 것을 약속했습니다. 지금부터 그것에 대해 반론하고자 합니다.

『비숫디막가』[69]의 저자인 붓다고사[70]는 연기설에 대해서 다음과 같이 말하고 있습니다.

---

69 『비숫디막가Visuddhimagga』:『청정도론清淨道論』. 파알리 성전 논장 7론 중의 하나. 5세기 중엽 인도의 학승 붓다고사에 의해서 저술된 것으로 현재 남방 상좌부 불교에서는 최고 권위의 논서로서, 백과사전적 내용으로 상좌부의 『대비바사론』에 필적하는 것이라고 한다.

70 붓다고사Buddhaghoṣa: 서기 420년경의 중인도 마갈타국의 불타가야 부근 사람. 바라문족 출신으로 불교에 귀의, 불전 일체를 연구하여 주석을 한 대주석가.

"깊은 바다에 빠져 버린 사람은
구원을 받을 수 없는 것과 같이
연기설이라는 심오한 바다에
빠져 들어간 나는
구원을 얻을 수 없다"[71]

이와 같이 『비숫디막가』에서 말하고 있습니다. 그러나 이것은 우리들의 이해의 범위를 초월한 것이며 오직 깨달은 사람만이 이 심오한 가르침을 충분히 이해하는 것입니다. 이것은 불교의 경·율·론 삼장의 미묘하고 심오한 의미를 충분히 빠짐없이 이해하고 있던 붓다고사까지도 충분히 이해하지 못한 것이었습니다.

이와 같이 대단히 어려운 점들을 내포하고 있는 연기설을

---

71 파알리어 성전의 원문과 번역을 하면, "vattukāmo ahaṃ ajja paccayā-kāravaṇṇanaṃ patiṭṭhaṃ nādhigacchāmi ajjhagaḷho va sagaraṃ" "나는 지금 연상행緣相行의 해설을 하려고 생각하나, 바닷물 속에 투신하는 것과 같이, 아직도 주립住立치 못하고 있다."(*Visuddhimagga*, XVII, p.522)이다. 그러므로 본문의 내용과 다름을 알 수 있다. 이것은 연기설은 그 의미가 대단히 깊은 것이므로 그렇게 간단하게 이해할 수 있는 것이 아니라는 의미로서 원문을 구나난다 스님이 알기 쉽게 의역한 것으로 생각된다.

가지고 무엇인가 불교에 대한 공격을 하려고 노력을 한 저의 대론자 목사의 발언은, 그야말로 밝은 달을 보고서 그 달이 떨어지기를 바라고 한없이 짖어대는 강아지와 다를 바 없다고 하지 않을 수 없습니다. 때문에 이 대론자 목사는 연기설에 관해서는 처음의 조그마한 부분부터 끝까지 어느 부분도 이해하고 있지 못하다고 말하지 않을 수 없는 것입니다.

이와 같이 전혀 알지 못하고 있기 때문에 그는 부모에 의해서 아들이 태어나고 또 그 아들에 의해서 부모가 태어난다고 의미 불명한 표현을 했습니다. 이와 같이 부모에 의해 아들, 아들에 의해 부모가 태어난다는 말들은 오히려 기독교의 성경에서 찾아볼 수가 있습니다. 이와 같은 것에 관해서는 다음 기회에 다시 설명해 드리기로 하겠습니다.

저는 지금부터 연기설緣起說[72]에 관한 불타의 가르침을 인용·

---

72 연기: (P) Paṭicca-samuppāda, (Skt) Pratītya-Samutpāda. 인연생因緣生, 연생緣生, 인연법因緣法이라고도 하며 자기 이외의 다른 것으로 인하여 생기는 결과를 말함. 일체의 현상은 헤아릴 수 없는 원인과 조건이 서로 관계되어서 성립된 것이며 독립자존獨立自存의 것은 없고, 따라서 모든 조건과 원인이 없어지면 그에 따른 결과도 자연히 소멸된다는 불교의 기본적 교설. 이론적으로는 항구적인 실체적 존재는 그 어느 하나도 존재할 수 없다는 것을 의미하고, 실천적으로는 이와 같은 인과관계를 명확하게 하여 원인과 조건을 소멸시키는 것으로 인해서 현상 세계(괴로움

설명해 드리기로 하겠습니다. 조용히 잘 들어주시기 바랍니다.

"비구들이여! 연기緣起라는 것은 무엇인가?
비구들이여! 무지(無智, 無明, avijjā)에 의해서 행(行: 형성작용)이 생기며, 이 행에 의해서 식(識: 분별작용)이 생기며, 식에 의해서 명색(名色: 이름과 형상), 즉 오온(五溫: 사람의 몸)이 생기며, 명색에 의해서 육처(六處: 여섯 개의 느낌을 받는 몸의 부분), 즉 안眼·이耳·비鼻·설舌·신身·의意가 생기며, 육처에 의해서 촉(觸: 外界와의 접촉)이 생기며, 촉에 의해서 수(受: 감수작용)가 생기며, 수에 의해서 애(愛: 욕망)가 생기며, 애에 의해서 취(取: 집착)가 생기며, 취에 의해서 유(有: 존재)가 생기며, 유에 의해서 생(生: 태어나는 것)이 생기며, 생에 의해서 노사老死·수愁·비悲·고苦·번민이 생기게 되는 것이다. 이러한 것에 의해서 괴로움(苦)의 한 덩어리가 생기게 되는 것이다. 이와 같이 모든 것이 연緣에 의해서 결과(果)가 일어나는 것이다."[73]

이와 같은 교리를 전혀 이해하지 못하고 있는 저의 대론자는

의 세계)로부터 해방되는 것을 목표로 하는 것. 불교에서는 연기하고 있는 사실 이외의 고정적 실체는 인정하지 않음.

무지 또는 무명은 행, 즉 형성작용에 의해서 식이 생긴다고 하는 오리무중한 말을 했습니다. 이 목사는 좀처럼 간단히 이해할 수 없는 연기설을 오해하고 있기 때문에 전혀 무의미한 열변만을 토한 결과가 되었습니다. 그가 어떠한 오해를 하고 있는가를 분명히 하기 위해서 하나의 대표적인 예를 들어보겠습니다.

우리들은 우유로부터 요구르트를 만들며, 요구르트로부터 버터를, 버터로부터 버터기름(ghee)이 나오게 됨을 알지 않으면 안 됩니다. 이와 같은 요구르트, 버터, 버터기름은 각각 별개의 것이지만 그것이 처음 시작되어 만들어지게 된 물체는 오직 똑같은 하나의 물체인 우유로부터 시작된 것입니다.

---

73 독자의 이해를 돕기 위해서 이 설명을 도표로 표시하면 다음과 같다.

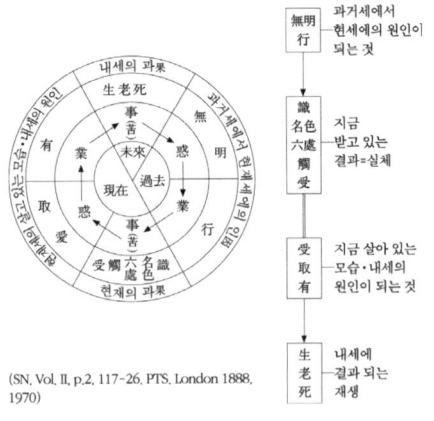

(SN, Vol. II, p.2, 117-26, PTS, London 1888, 1970)

이와 같이 인간이 없고서는 무명도 없는 것이며, 무명이 없는 곳에서는 형성작용도 나올 수가 없으며, 그 형성작용이 없는 곳에는 몸과 마음도 생기지 않는다는 것을 이해하지 않으면 안 되는 것이며, 이러한 것은 모든 것이 상호간에 의존한다는 것도 알아야 하는 것입니다. 이 가르침은 인간은 윤회 속에서 무한히 회전하고 있다는 것을 설명하고 있는 것입니다. 그러나 저의 대론자는 이러한 진실의 교리를 전혀 이해하지 못하고 있는 것입니다. 또 『발취론』[74]에서 다음과 같이 설하고 있습니다.

"어리석음(愚痴)으로 인해서 걸맞은 집체(오온)가 생기며, 태어나는 순간으로 인한 연으로 유인有因의 집체가 생기게 된다."

여기에서는 인간의 집체(신체, 蘊)라는 것은 어리석은 형태, 다시 말해서 무지(ignorance)와 마음 그리고 육체에 의해서 생긴다고 말하고 있습니다. 그리고 또

"오온은 무명에 의해서 생겨나며 또한 몸과 마음에 의해서 오온이 생긴다."

---

[74] 『발취론(發趣論, Paṭṭhānappakaraṇa)』: 불교 경전 7논장論藏 중의 하나.

라고 말하고 있습니다. 또 한 예로서

"이숙식[75]이 생기기 때문에 아홉 개의 연緣이 필요하다. 그것
은 서로의 존재를 인정해 삶을 영유하고(共生, sahajāta),
서로 협조하며(相互, aññamañña), 한 자리에 같이 있어도
그의 영향을 받게 되며, 또 서로 공존共存하게 되며, 업의
결과를 받게 되고, 자신의 존재를 유지하기 위한 힘이 생기며,
육근(六根: 안·이·비·설·신·의)이 생기고, 또한 원인이라는
것은 현재에 존재하고 있는 그 원인은 자기를 떠나지 않는
등의 아홉 개의 연에 의해서 그 원인인 인因이 되는 것임"

을 설하고 있습니다.

또 『비숫디맛가』에서도 어리석음(愚痴, 無明, 無知)이 없이는
형성작용이 생기지 않는다고 말하고 있습니다.

이와 같이 불교 성전의 많은 곳에서 인식이라 함은 마음과
육체가 하나로 되어 발생함을 설하고 있습니다.

---

[75] 이숙식(異熟識, vipāka-viññāna): (Skt) vipāka-vijñāna. 과거에 지은 업으로 인한 결과로서의 식을 말함. 아라야식(ālaya-vijñāna)이라고도 하며, 마음 속 깊이 잠재되어 있는 의식으로서 자신의 생활 속에서 무의식적으로 나타나는 근성.

이러한 교리를 정확하게 이해한다면 인식(認識, viññāṇa, 분별 작용)이 생긴 다음에 어떻게 하여 몸과 마음이 생기는가를 충분히 이해할 것입니다. 이와 같이 그야말로 전문적으로 공부하지 않고서는 좀처럼 이해할 수 없는 것입니다. 그럼에도 불구하고 불교 반대론자인 목사는 불교 교리를 전혀 전문적으로 연구하지도 않고 이 문제를 설명하려고 노력했습니다. 그러나 그것은 마치 깊은 정글 속에서 눈먼 코끼리가 길을 잃고 목적지를 찾아 헤매는 것과 다를 바가 없었습니다. 때문에 이 문제에 대해서는 더 이상 논할 필요를 느끼지 않습니다.

또한 목사께서는 불교 경전에 기록되어 있는 것에 대해서 설명을 했습니다만 전혀 무의미한 연설들이었습니다. 그는 불타 입멸 450년 후에 그의 가르침을 기록한 것이라고 말했습니다. 그렇게 긴 세월 동안의 것을 정확하게 암기 전승해 오는 것은 인간으로서 극히 불가능한 것이며, 그 당시의 승단僧團을 볼 때도 편집이 제대로 되었을 리가 없다고 말했습니다.

그러나 그것은 전혀 근거 없는 말들입니다. 이 목사의 주장이 왜 무의미하고 근거 없는 말인가를 지금부터 제가 말씀드리기로 하겠습니다.

불타가 돌아가시고(入滅, 涅槃) 453년 후 왓타가마니 아바야 Vaṭṭagāmaṇi Abhaya 왕 시대(B.C. 89~77년)에 책으로 처음 편집한 것은 사실입니다. 불타의 생존 시대에도 그의 가르침을 패엽(貝葉, Golden leaves)[76]에 이미 기록했다고 전하고 있습니다. 그 당시의 인도에서 불타의 가르침을 책으로서 편집한 사람은 모든 번뇌와 죄업을 소멸한 성스러운 도道를 이룩한 아라한(阿羅漢, Arahat)[77]들이었습니다.

아라한들은 결코 평생 단 한 번도 죄악을 저지르거나 잘못을 행한 적이 없는 성현들의 청정한 성품을 지닌 불타 다음가는 분들로서, 무엇이든지 간단하게 기억하는 기억력을 지니고 있는 분들이기에 그들에 의해서 편집·정리된 불교 경전들에는 추호도 과실이 있을 수 없으며 설사 글자 하나라도 오식이 있을 수가 없는 것입니다. 때문에 그들이 기록한 불교 성전은 완전무결한 것입니다.

그러나 기독교 성경은 불교의 아라한과 같은 성스러운 인물들에 의해서 기록되어진 것이 아닙니다. 많은 죄를 지어서 자신의 나라에 살 수 없어 도망한 모세에 의해서 기록된 것입니다.

---

76 패엽: 원래 남방불교에서 경전을 나뭇잎에 기록하는 것을 가리킨다. 여기에서 Golden leaves는 순금으로 나뭇잎같이 만든 판에 불교 경전을 새겨 놓은 것으로, 현재 스리랑카의 국보인 황금판 경전.

77 아라한: 상좌부(Theravada), 즉 남방불교의 교법을 수행하는 성문聲聞 4과의 가장 윗자리. 응공應供, 살적殺賊, 불생不生, 이악離惡이라 번역한다.

또한 기독교 성경은 완전하게 한 번 불태워 소실되었다고 성경에도 기록되어 있습니다. 이러한 사실이 있는 성경을 예수 그리스도의 제자들이 멋대로 자신들의 형편에 맞게 다시 기록해 왕을 속였던 것입니다. 이에 관한 상세한 설명은 기독교를 비판하고 있는 『비밧자바드Vibajjavad』라는 책에 상세히 기록되어 있습니다. 이에 관해서 나중에 시간의 여유가 있으면 다시 설명을 드리겠습니다.

다음으로 목사께서 베산타라Vessantara 왕의 보시 행위를 비웃음으로 설명했습니다. 그렇지만 베산타라 왕의 훌륭한 보시행에 대한 명예를 손상시킬 수는 없었습니다. 불타, 즉 모든 것을 깨달은 자가 되는 것은 이 세상에서 가장 이상적인 것입니다. 그렇게 되기 위해서는 일체의 탐욕을 없애지 않으면 안 되는 것입니다.

베산타라 왕이 자기의 부인과 아들을 걸식하는 거지에게 넘겨준 것은 그야말로 마음에 일체의 걸림이 없는 보시 행위를 한 것입니다. 만약 그렇게 자신의 부인과 아들을 그 거지가 원했을 때 넘겨주지 않았다면, 그에게는 애착과 탐욕을 버릴 수가 없는 영원의 번뇌 속에서의 생활이 계속되었을 것이며, 또한 깨달음의 경지에도 도달할 수 없는 인간이 되고 말았을 것입니다. 그러므로 철저한 보시 행위, 즉 보시 행위를 한 그 자체도 생각지 않는 보시 행위를 위해서는 모든 사람은 일체의 탐욕과 애착을 버리지 않으면 안 되는 것입니다.

그러한 탐욕과 애착을 이기지 못하면 결코 영원한 깨달음의 경지, 즉 불타가 될 수 없는 것입니다. 때문에 베산타라 왕은 푸우자카Pūjaka라고 하는 바라문에게 자기 아들을 보시했던 것입니다. 어떻게 생각하면 어린 아들로서는 오히려 잘된 것이라 볼 수 있습니다. 왜냐하면 그대로 아버지와 생활한다면 일생을 산속에서만 생활했어야 할 그가 바라문에게 보시한 것으로 인해서 다시 마을에 내려가 바라문 수행을 할 수가 있었기 때문입니다.

이와 같은 베산타라 왕의 이야기는 남녀노소 모든 사람이 알고 있는 유명한 이야기입니다. 또한 목사님께서 말씀하시는 것과 같이 베산타라 왕의 부인은 어떤 남자의 부인도 되지 않았습니다. 『베산타라 본생경』에 의할 것 같으면, 베산타라 왕의 부인을 보시 받으려고 그의 앞에 나타난 것은 인간의 모습을 한 사크라(śakra, 제석천)라고 하는, 모든 신神 중의 왕이었습니다.

그는 베산타라 왕이 어느 정도의 수행을 하고 있는가를 시험해 보기 위해서 그의 부인을 보시하라 했던 것입니다. 베산타라 왕이 조금의 애착과 탐욕도 없이 그의 부인을 보시하자 사크라는 그 자리에서 감복하여 그의 부인을 그 자리에서 다시 돌려주었던 것입니다. 이와 같이 그는 보시바라밀[78]을 완성했던 것입니다. 이러한 사실에 입각해서 볼 때 베산타라 왕의 보시 행위에 대한 목사님의 비판에 대해서 제가 여기서 더 이상 답하는 것은 귀중한 시간만 낭비할 따름입니다.

이와 같은 것들보다도 저는 여기서 목사 자신이, 자기가 신봉하고 있는 종교에 대해서 전혀라고 할 정도로 이해하지 못하고 있다는 점을 지적하지 않으면 안 되게 되었습니다.

요 전날, 즉 8월 26일 오전 중에 그의 이야기를 들은 것을 분석해 볼 것 같으면, 불교에 대해서 비판했다기보다는 오히려 자신이 신봉하는 기독교에 대해서 비판한 것과 같은 느낌을 받았습니다. 다시 말해서 불교를 비판하려 했지만 불교에는 조금도 손상을 주지 못했으며 오히려 자신의 종교에 대한 비평이

---

[78] 보시바라밀(Dāna pāramitā): 6바라밀 중의 하나. 6바라밀은 생사의 고해를 건너 이상의 경지, 열반의 저 언덕에 이르기 위해 행하는 여섯 가지 수행.
① 보시바라밀布施波羅蜜: 자비로써 널리 사랑하여 베푸는 행위. ② 지계(Sīla, 持戒): 불교 도덕에 계합하는 행위. ③ 인욕(Kṣānti, 忍辱): 어떠한 일이 있어도 참고 견디는 것. ④ 정진(Virya, 精進): 항상 수행에 힘쓰고 게으르지 않는 것. ⑤ 선정(Dhyāna, 禪定): 마음을 고요히 하여 정신을 통일시키는 것. ⑥ 지혜(Prajña, 智慧): 삿된 지혜와 나쁜 소견을 버리고 참 지혜를 얻는 것.

되고 말았던 것입니다.

그의 논설 중에 불교에서는 인간들을 소, 돼지, 말, 뱀 등으로 비유하고 있다고 말하고 또한 그와 비슷한 거짓말로서 충만한 불교는 종교도 아니며 또한 신용할 수 없는 종교라고 열변을 토했습니다. 그렇지만 그가 주장한 내용들은 불교의 그 어느 부분에서도 찾아볼 수가 없습니다. 오히려 이 목사가 주장하는 내용은 불교가 아닌 그들의 종교인 기독교의 성경 속에서 인간을 축생으로 비유하고 있음을 우리들은 발견할 수가 있는 것입니다.

여러분! 잘 들어주시기 바랍니다. 지금부터 여기에서 그것을 증명해 보이겠습니다.

구약성서『전도서』3장 19절을 보면 다음과 같이 설해져 있습니다.(영역본은 5장 19절로 되어 있으나 싱할라 원본에 있는 3장 19절이 내용과 일치함.)

"인생人生들에게 임臨하는 일이 짐승에게도 임하나니 이 둘에게 임하는 일이 일반一般이라 이 모두가 동일한 호흡을 하며 이들의 죽음같이 저도 죽으니 사람이 짐승보다 뛰어남이 없음은 모든 것이 허망한 것이로다."

이와 같이 짐승들에게 인간을 비유한 것은 기독교가 아닙니까?

짐승들과 인간을 비유한 것은 불교의 그 어느 곳에서도 찾아볼 수가 없습니다. 이와 같은 것만 보더라도 자신들의 종교에 대한 옳지 못한 점을 오히려 자기 자신들이 증명하는 결과가 되어 버렸습니다.

나의 대론자에게 또 하나의 다른 질문을 하고 싶습니다. 신약성서『고린도전서』15장 22절을 보면 다음과 같이 설해져 있습니다.(영역본은 15장 1절로 되어 있으나 싱할라 원본에서는 15장 22~28절임. 내용상으로 보아 22절이므로 정정 기록함.)

"아담 안에서 모든 사람이 죽은 것 같이 그리스도 안에서
모든 사람이 삶을 얻으리라."

이와 같이 예수 그리스도에 의해서 구원을 받는다고 기독교인들은 그 누구도 의심치 않고 신앙하고 있습니다.

그리고 신약성서『마태복음』25장 41~46절을 볼 것 같으면 다음과 같이 설해져 있습니다.(영역본 25장만을 기록. 싱할라 원본에서는 25장 41~46절을 기록.)

"또 왼편에 있는 자들에게 이르시되, 저주를 받은 자들아
나를 떠난 마귀와 그 사자들을 위하여 예비된 영원한 불에

세 번째 논쟁 **145**

들어가라."(41절)

"내가 배가 고플 때 너희들이 먹을 것을 주지 아니하였고 목마를 때에 마실 물을 주지 아니하였고"(42절)

"내가 나그네가 되었을 때에 영접해 주지 아니하였고, 헐벗을 때에 옷을 입혀 주지 아니하였고, 병들었을 때와 감옥에 갇혔을 때에 돌아보지 아니하였느니라 하시니"(43절)

"저희들도 대답하여 가로되, 주여! 우리가 어느 때에 주의 굶주린 것이나 목마르신 것이나 나그네 되신 것이나 헐벗으신 것이나 병드신 것이나 감옥에 갇히신 것을 보고 공양치 아니하더이까?"(44절)

"이에 임금이 대답하여 가라사대, 내가 진실로 너희에게 이르노니 이 지극히 작은 자 하나에게 하지 아니한 것이 곧 내게 하지 아니한 것이니라 하시리니"(45절)

"그러한 너희들로서는 영구히 그 괴로움을 면치 못할 것이며, 의의 있고 올바른 사람들은 영원한 구원의 생명을 받을 것이라 하시니라."(46절)

이상의 인용에서도 확실히 알 수 있는 것과 같이, 예수 그리스도를 믿는 믿음만으로 영원한 구원의 생명을 받을 수 없다는 것을 여실히 말해 주고 있음을 증명하는 하나의 예라고 생각하는 바입니다. 구원을 받는 것은 올바른 행동의 사람들뿐인 것입니다. 그러나 또 다른 성경의 어떤 곳에서는 기독교만을 믿는 것으로 인해서 모든 사람이 구원을 받을 수 있다고 기록되어 있습니다.

이 두 개의 모순된 기록 중에 도대체 그 어느 쪽을 신용하여 기독교를 믿어야 하겠습니까? 만약 이 두 가지 설 가운데에서 그 어느 하나가 기독교의 올바른 가르침이라 하면 다른 어느 하나는 옳지 못한 가르침이라 말할 수 있지 않겠습니까?

이와 같이 모순투성이인 기독교의 성경은 전혀 신용할 것이 못됩니다. 거짓과 모순으로 충만한 내용을 아무 거리낌 없이 가르치고 있는 기독교는 전혀 올바른 종교라고 할 수 없는 것을 저는 단언하는 바입니다.

저에게 주어진 시간이 다해서 이것으로서 실례를 하겠습니다만, 저의 대론자의 또 다른 질문에 대해서는 이후에 다시 시간이 주어졌을 때 자세히 대답해 드리겠습니다.

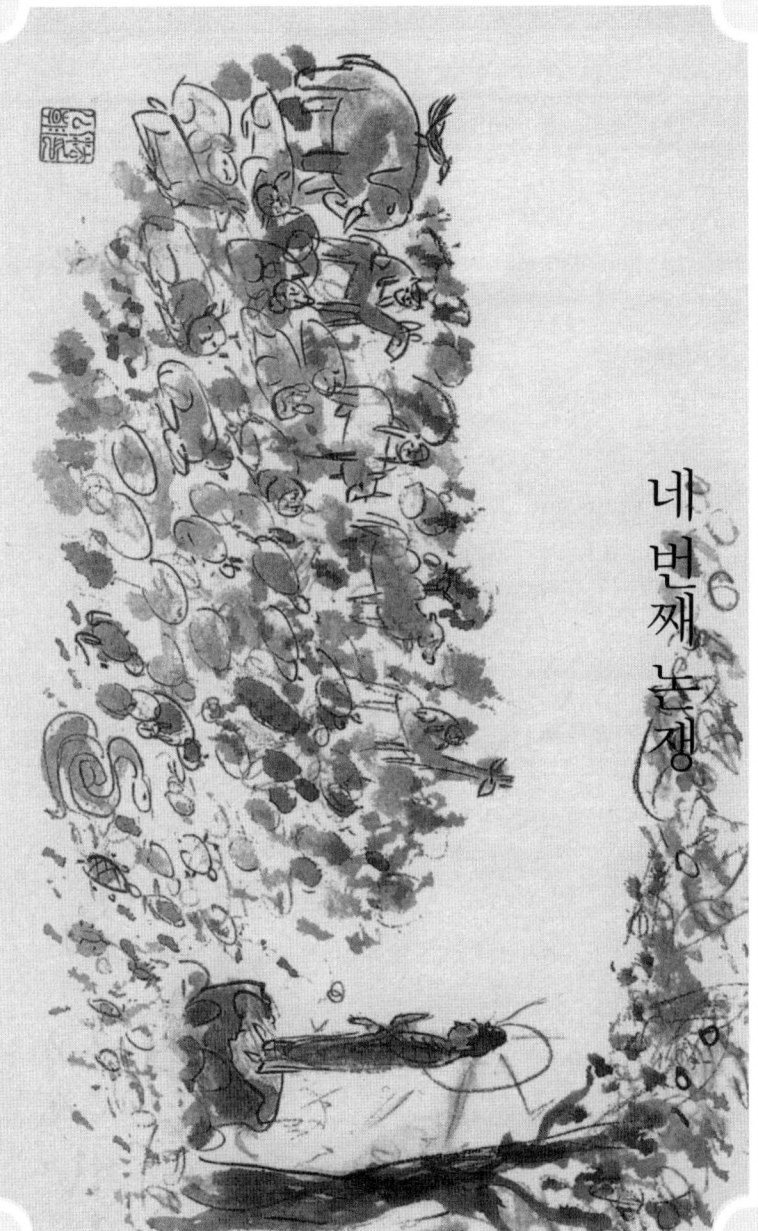

네 번째 논쟁

데이비드 데 실바 목사가 행한 대론

1873년 8월 28일 오후 3시부터 4시까지

이번 대론은 오늘 저녁으로서 끝마치게 되므로 여러분들은 잘 들어주시고 잘 생각해주시기 바랍니다.

이 앞 8월 26일 오후 4시부터 5시 사이에 불교 측의 스님은 저를 '적대자(위룻다카라야)'라고 불렀습니다. 그것은 제가 스님을 반대론자라고 부른 것이 원인이었습니다. 이 같은 '반대론자(위룻다카라야)'라고 부른 것은 결코 굴욕적인 언사로서 사용했다고는 생각지 않습니다. 그러나 스님께서 이 언사를 굴욕적으로 받아들인 것은 대단히 유감스럽게 생각합니다.

저의 친구인 스님은 전지전능하신 하나님이 인간을 짐승들에게 비유했다고 그것을 입증시키기 위해서 기독교의 성서를 인용했습니다만, 결코 그것은 입증이 될 수 없는 불필요한 노력에 불과하다고 말하지 않을 수 없습니다.

인간과 짐승(축생)이 모두 늙고 죽는 것은 다를 바가 없는 것입니다. 그러한 의미에서 성경의 한 예는 결코 그릇된 비유라고 할 수 없습니다.

또한 그는 여러분들께 불교의 연기설을 해명했습니다. 이러한 연기설의 해명은 대단히 훌륭한 붓다고사도 명확한 이해를 하기는 대단히 어려운 것이라고 말했습니다. 그가 말하듯 붓다고사 선생도 해명할 수 없는 연기설의 해석을 하려고 했던 저의 친구인 스님은 붓다고사 선생보다도 위대한 자라고 생각해야 되지 않겠습니까? 그러나 저도 난해한 연기설에 대해서 약간 말씀드리고 싶습니다.

연기설은 말하고 있습니다. 즉, 인식(識)에 의해서 몸과 마음이 생기며, 몸과 마음(名色)에 의해서 감각이 생긴다. 여섯 개의 감각(六根)[79]에 의해서 접촉이 생긴다. 이와 같이 진행되어 출생이 생기므로 생존(生存, bhava) 또는 윤회가 생긴다. 그리고 여기에서 말하는 인식認識이라고 함은 눈·귀·코 등을 의미합니다. 또 연기설은 감각은 의식에 의해서 생긴다고 합니다. 그리고 여섯 개의 감각(āyatana)이라 함은 눈·귀·코 등을 의미한다고

---

[79] 육근六根: 인간의 여섯 개의 감각기관. 즉, 눈·귀·코·혀·몸과 인식하며 생각하는 마음을 말함.

합니다.

이와 같이 이해하기 곤란한 가르침이 이외에 또 어디에 있겠습니까? 연기설은 아버지에 의해서 아들이 태어나고 아들에 의해서 아버지가 태어나는 것과 같이 극히 이해하기 어려운 가르침인 것입니다.

이 세상 모든 사람이 결코 없어지지 않는 영혼(immortal soul)을 가지고 있는 것은 사실이며, 이 영혼은 천국에 가고 천국에 있는 것은 결코 멸하지 않는 행복한 인간들뿐인 것입니다.

더욱이 아담이 저지른 죄과에 의해서 영원한 지옥의 불 속에 떨어져 버린 모든 사람은 전지전능하신 하나님의 구원을 받았다고 하는 것도 사실이며, 예수 그리스도에 의해서 인간이 모두 구원을 받지 않았다고 하는 것이 성경에 기록되어 있는 것도 사실입니다.

저의 친구인 스님이 그러한 사실을 마치 성경에 모순점이 있는 것처럼 말한 것은 성경의 "삶을 얻으리라(Shall be made alive)"라는 성스런 말씀의 참 뜻을 알지 못하고 있기 때문입니다.

그리고 스님은 불교의 무색계(無色界, arūpaloka)에 대해서 언급하고 이에 관한 가르침은 대단히 이해하기 어려운 교리라고 말했습니다. 만약 이 스님이 말한 것이 사실이라면 이와 마찬가지로 대단히 이해하기 어렵다고 말하는 기독교의 영혼설에 대해 스님이 우리들에게 설명을 요구하는 것은 얼마나 바보스런 일이 겠습니까?

그리고 또 그는 경·율·론 삼장이라고 불리는 불경은 불타가 생존하던 시대에도 나뭇잎(패엽)에 기록했다고 말했습니다만 그러한 사실을 입증할 만한 것은 그 어느 곳에서도 찾아볼 수가 없습니다.

제가 알기로는 불교의 성전과 많은 주석서들은 암기해서 전승되어 오다가 불타가 죽은 450년 후에 그것을 책으로서 편찬했다고 합니다. 이와 같은 사실을 외면하는 그의 답변은 도대체가 신용할 수가 없습니다.

만약 그가 이와 같은 자기의 주장을 합리화시키기 위해서는, 암기해서 전승된 불교 성전이 지금 현재의 성전 중에 그 어느 부분에 기록되어 있나를 입증하지 않으면 안 된다고 생각합니다.

또한 스님은 모세를 살인자였다고 하고, 그가 그와 같은 살인 범죄자이기 때문에 그에 의해서 기록된 성경은 신성한 것으로서 받아들일 수 없다고 말했습니다. 그러나 모세가 살인 범죄를 저지르게 된 것은 하나님의 제자가 되기 그 전이었던 것입니다. 또한 우리들은 모세에 귀의하는 것이 아니므로 모세가 행한 범죄는 현재의 우리들에게는 아무 관계가 없는 것이며 마음에 걸릴 것도 없습니다.

이와 같은 현상은 오히려 불교 측에 있습니다. 예컨대 불교에서 그들이 숭배하는 성인 중의 한 사람인 앙구리말라Aṅgulimāla라는 자가 있습니다. 그는 999명의 인간을 죽였습니다. 불타는 그에게 그 즉시 계를 받게 하여 출가시켜 성직자로서 허락했습니다. 불교도들은 그 살인자 앙굴리말라가 도를 깨친 성스러운 아라한이 되었다고 합니다.

또 불교 경전에 의하면 알라바카Āḷavaka라는 자가 4,300명 이상의 인간을 12년 사이에 죽여서 그들의 인육人肉을 먹었으면서도 그는 성현이 되었다고 기록되어 있습니다. 불교도들은 그러한 알라바카마저도 성현으로서 숭배하고 있습니다.

그리고 불타는 보살행의 수행으로서 베산타라 왕으로 태어났을 때 자기 부인을 어떤 바라문에게 주었습니다. 그런데 나의 대론자는 보살행 중인 왕이 자기 부인을 타인에게 넘겨주지 않았다고 말했습니다. 그러나 대론자 불교 측 스님의 종교인 불교 경전 소부경전(小部經典, Khuddaka nikāya)을 볼 것 같으면,

"헤아릴 수 없이 많은 횟수를 당신은 나를 타인의 부인으로 넘겨주곤 하였지만 나는 한 번도 싫다고 생각하지 않고 참고 견디었습니다."

라고 석가의 부인이었던 야수다라가 말했습니다.

그리고 저의 대론자는 불교의 전문가들에게 둘러싸여 있기 때문에 불교 경전에 기술되어 있는 명확한 의미를 왜곡하려고 노력하고 있는 것은 아닌지요.

또 "어서 오라. 무엇이든지 걸식에 응하겠노라"라는 문구에서도 알 수 있는 것과 같이, 구걸을 하러 온 모든 걸식인들에게 자신의 머리, 피, 눈, 부인, 어린애까지도 주었다고 하며, 불타는 보시하지 않는 것이 없다고 합니다.

이와 같이 명확한 형태로 그들의 불전에서 설하고 있음에도 불구하고 사실을 부정하는 사람들과 무엇을 논쟁할 수가 있겠습니까?

다음으로 저는 불타가 되는 종자(붓단쿠라, buddhankura)의 본성에 대해서 말씀드리겠습니다.

여기에서 말하는 안쿠라ankura라는 것은 "허약한 묘목苗木"을 의미합니다.

불타가 될 수 있다는 본성(불성)을 명기하고 있는 것을 『본생경』[80]에서 약간 말씀드리겠습니다. 『파란타파 본생경(Parantapa

---

80 『본생경本生經』: (Skt) Jātaka. 12부경의 하나. 사다가, 사타카, 자타카라고 음역. 부처님이 전생에 행하신 6도度의 행업을 말한 부분. 파알리어 삼장에는 547종의 본생을 기록하고 있음. 근년에 와서는 서양에도 널리

Jātaka)』을 볼 것 같으면 주인공인 보살은 붓단쿠라Buddhankura 라고 하는 왕자로 태어났습니다. 그는 부왕父王에게 반기를 들어 란란을 일으켰습니다. 부왕은 파란타파Parantapa라고 하는 시종과 함께 산속으로 피난을 가게 되었는데 산속 생활 중에 파란타파 시종은 왕비와 육체관계를 맺게 되었습니다. 그 시종은 사악한 인간으로 변질되어 왕을 살해했습니다. 그리고 시종과 왕비 사이에 낳은 아들이 그의 아버지인 파란타파를 살해했습니다. 결국 주인공인 보살 붓단쿠라의 반역적인 행위로 인해서 이와 같은 불상사, 즉 잔혹하고 부도덕한 행위가 공공연히 벌어진 것입니다. 이와 같은 행위가 성불을 하려고 하는 자들의 행위였던 것입니다.

여기에서 또 하나의 수손디야Susondiya라는 『본생경』의 아귀에 대한 기록을 소개하겠습니다. 어느 날 보살은 가루다(Garuḍa, 힌두교의 신 이름. 전설의 큰 새)라는 새로 태어났습니다. 그는 도박을 하러 왕궁으로 놀러 갔습니다. 그곳에서 그 왕궁의 왕비

알려져, 영국 런던 파알리 성전협회(PTS)에서 1877~1897년에 걸쳐서 이를 집약 편찬했으며 영문 번역도 있다. 최근에는 일본에서 『자아타카 전집』이라는 제명으로 전 10권이 현대 일본어 번역으로 발행되어 있다. 한역漢譯 대장경에는 생경, 백련경, 현우경, 잡보장경 등이 모두 본생경에 속한다.

와 눈이 맞아서 왕비와 함께 도망했다 합니다.

이러한 나쁜 행동 또한 불성(Buddhahood)[81]으로 인한 것이었습니다. 만약 이러한 것들이 불성을 가지고 성불하기 위한 보살들의 행위라 하면 불타의 전지전능은 그만두고라도, 오늘날 어린 학생들이 상식적으로 소유하고 있는 지식도 불타에게는 없었던 것을 여실히 증명하는 것이라 하겠습니다.

이와 같은 불타의 비상식적인 사고방식을 가일층 명확하게 말해 주는 한 예가 있습니다. 그것은 증지부경전[82]에 있는 "사푸타 수리요드 가마나 경전(Saptta Suriyod gamana Sūtra)"에

"8만4천 유순[83]의 높이와 8만4천 유순 정도 넓이의 대수미산

---

81 불성佛性: 부처를 이룰 근본 성품, 부처의 본질, 본성, 부처가 될 수 있는 가능성. 북방불교(대승불교)에서는 이 불성이 일체의 인간 또는 존재하고 있는 모든 사물에게 구비되어 있다고 한다. 진정한 인간성, 잠재하고 있는 보편적인 인간성, 인간의 기본적인 성격, 인간의 본심을 말한다.
82 증지부경전(增支部經典, Aṅguttara nikāya): 파알리 불교성전 삼장의 일부로 11집 170품 2,198경으로 되어 있으며, 한역으로는 『증일아함경增一阿含經』에 해당한다.
83 유순: (S) Yojana의 음역으로 유사나, 유선나, 유연이라고도 쓴다. 인도에서의 이수里數의 단위. 멍에를 황소 수레에 걸고 하루의 길을 가는 여정을 말하며, 보통 40리에 해당.

(Mahāmera, 大須彌山)이라고 불리는 거대한 산이 존재한다."

고 합니다.

그리고 이 경전에서는 이 세상의 종말이 오는 날 일곱 개의 태양이 뜨게 될 것이라고 합니다. 그리고 8만4천 유순의 거대한 산이 8만4천 유순의 넓이와 깊이의 바다에 의해서 덮여 버릴 것이라고 합니다.

여러분!

이 지구상에 그렇게 거대한 산을 본 적이 있습니까? 만약에 이와 같은 거대한 산이 존재한다면 지금까지 어떻게 그것이 발견되지 않고 존재할 수 있겠습니까? (목사는 지구의 기구를 보이면서) 이 지구의 원주는 2만5천 마일입니다. 이러한 사실은 지식인이라면 그 누구도 모두 알고 있는 상식적인 일입니다. 그러므로 그러한 거대한 산이 이 조그마한 지구상에 존재할 수가 없는 것입니다. 이것을 입증하기 위해서 몇 주일 동안이라도 지구를 일주하면서 그 거대한 산이 존재하고 있는가를 확증할 수도 있습니다. 지금까지 이 지구를 몇 번인가 일주한 사람들이 있었습니다만 그 어느 누구도 그러한 거대한 산을 목격한 적도 또한 발견한 조그마한 증거도 없습니다.

이와 같은 무지한 말을 하는 불타가 전지전능한 자가 아니라는 것은 확증할 수 있는 것이 아니겠습니까? 이러한 자를 전지전능하다고 외치고 있는 것은 시간 낭비에 불과한 것입니다.

그리고 저는 마타라Matara라는 스리랑카 남부 지방에서, 범천에 태어나기 위해서 불교의 승려 몇 명인가가 정신없이 명상에 잠겨 결국에는 정신이상자가 되었다는 것을 들은 적도 있습니다.

이러한 교리는 정신이상자들에게 적당한 교리일지 모르겠습니다만, 현명한 사람들을 위한 교리가 아닙니다.

그리고 그들의 성전의 하나인 『파라지카Pārājika』[84]에 의할 것 같으면 불타의 생존시대에도 그의 제자들이 많은 나쁜 죄를 범했다는 것이 기술되어 있습니다. 어떠한 나쁜 행동들이었는가에 관해서는 저의 입으로는 도저히 입에 담을 수 없는 행동들이었습니다. 그러나 여러분들을 이해시켜 드리기 위해서 하나의 예를 말씀드리겠습니다. 그것은 이 책 중의 "맛카티 밧투Makkaṭi Vatthu"라는 곳에 다음과 같이 기술되어 있습니다.

"어떤 비구가 공동묘지에 가서 아직 (새나 동물이) 쪼지

---

84 파라지카(波羅夷): 비구승의 극형에 상당하는 죄로서, 이를 범하는 자는 비구승으로서 자격을 상실하고 승단으로부터 추방당하게 되어 있음. 이 계에는 음행·도적질·살생·망령된 말 등 네 가지가 있다.(*Vinayapitaka* III, pp.1~109)

않은 시체를 발견하고 거기에서 그 시체와 성행위(不淨法)를 했다."

라고 기록되어 있습니다.(이 같은 내용은 목사가 지적한 부분에는 없고 다른 부분에 있음.)

그리고 불타의 죽음에 대해 간단하게 말씀드리겠습니다. 불타의 제자 춘다Cunda라고 하는 수행자(경전에 의하면 춘다는 수행자가 아닌 재가 신자임)가 공양을 올린 돼지고기(sūkara maddava)를 먹고서 심한 이질(피설사병)을 일으켜 그것이 원인이 돼서 사망하게 되었다고 합니다.(이 설에 관해서는 지금까지 학설이 반드시 일치하지 않음. 이에 대해서는 불교 측 답변 시에 상술하겠다.)

『대반열반경』[85]에 의하면 불타는 돼지고기를 먹은 것으로 인해 심한 이질 설사병으로 많은 고통을 겪으며 가는 곳마다 수행을 멈추며 휴식을 취하고 이윽고 쿠시나라Kusināra[86]에 도착했습니

---

85 『대반열반경大般涅槃經』: 불타가 죽기 직전 그의 제자들에게 교리를 설파한 경전으로, 서기 418년에 중국의 법현에 의해서 한문으로 번역되는 등 많은 번역서가 존재하며 파알리어 경전으로도 현존한다. 특히 파알리어 경전은 불타가 죽음에 이를 당시 상황을 생생하게 분석할 수 있는 경전이다.

86 쿠시나라: (Skt) Kusināgara(쿠시나가라). 중인도에 있던 말라Malla족의 나라로서, 이 나라 북방에 있는 사라쌍수의 삼림에서 불타가 입멸(죽음)하

다. 그가 가지고 있다고 하는 신통력도, 그를 수호한다고 하는 모든 신神인 범천 등도 그의 고통을 멈추게 해주지 못했던 것이 명확합니다.

이와 같은 명확한 사실로 보아 불타에 관해서 기술된 것은 모두 어리석은 사람들을 기만하기 위해서 기술된 난센스의 책인 것이 틀림없습니다.

그러므로 그들이 무슨 소리를 한다 해도 우리들은 우주의 창조자이신 하나님과, 우리들이 저지른 죄악을 위해서 그 괴로움을 대신 받은 하나님의 아들이신 예수 그리스도를 믿고 의지하여 만인을 구제하지 않으면 안 됩니다.

불교에 대해서 제가 말씀드린 많은 의문점을 그 어느 하나도 저의 대론자가 만족스런 대답을 하지 못한 것과, 기독교에 대한 의문점의 모든 것을 제가 남김없이 답변한 것에 대해서 여러분들께서는 주목해 주시기 바라면서 저의 대론을 마칠까 합니다.

였다. 현재 인도의 카시야Kasia 지방 부근.

데이비드 데 실바 목사에 의한 반론을
승려 모호티왓테 구나난다가 대론

1873년 8월 28일 오후 4시부터 5시까지

지금 이 자리에 있는 목사께서는 앞전 대론 때 저를 "적대자(敵對者, opponent)"라고 불렀습니다. 그러나 제가 잘못된 견해를 지적함으로 인해서 그는 저를 "친구(friend)"라고 고쳐 불렀습니다. 즉, 자신의 잘못을 스스로 인정한 것은 숨길 수 없는 사실입니다. 그러므로 저는 이 문제에 대해서는 더 이상 거론하지 않겠습니다.

이 앞에 화요일 오전 그의 대론에 의하면 목사님께서는 불교 경전에서는 인간을 동물과 똑같이 취급한다고 말했습니다. 그러나 우리 불교에는 그러한 가르침은 없습니다. 그가 말한 인간과 짐승을 비유한 것은 불교가 아니고 오히려 목사들 자신들이 신앙하는 기독교에서 그 비유를 찾아볼 수가 있었습니다. 이 앞에서도 저는 기독교 성경에서 그와 같은 것을 입증해 보였습니다. 그 이후에 새로 이 자리에 왕림해 주신 분들도 계시는 것 같기도 해서 다시 한 번 그 실례를 들어 그것을 입증해 보이겠습니다.

구약성서 『전도서』 3장 19절에 의할 것 같으면,

"인생人生들에게 임臨하는 일이 짐승에게도 임하나니 이 둘에게 임하는 일이 일반一般이라 이 모두가 동일한 호흡을 하며 이들의 죽음같이 저도 죽으니 사람이 짐승보다 뛰어남이 없음은 모든 것이 허망한 것이로다."

이와 같은 성경의 구절은 사람을 짐승들과 비유하고 있음을 잘 나타내 주고 있는 좋은 증거인 것입니다. 기독교에서는 인간과 축생을 똑같이 취급하고 있음을 증명할 수 없다고 목사가 주장했습니다만, 위에서 제가 인용한 성경 구절은 그렇게 주장하는 것이 얼마나 어리석은 행동인지를 일목요연하게 증명해 준다고 생각하는 바입니다.

저는 연기설의 난해함을 손쉽게 설명하기 위해서 "밧투캄모 아함 앗자Vattukāmo ahaṃ ajja"라는 계문을 해설했습니다. 그것은 이 가르침은 대단히 섬세 미묘하다는 취지로서 인용한 것이지 결코 저 자신이 붓다고사보다 더욱 위대한 철학자라는 취지에서 말씀드린 것이 아닙니다. 지금까지 제 자신이 붓다고사보다 더욱 위대한 철학자라고 생각해 본 적은 추호도 없습니다.

이 목사께서는 제가 붓다고사보다 뛰어난 사람이라고 생각하지 않으면 안 된다고 비꼬는 말을 했습니다만, 그것은 아마도 저의 대론자 목사님께서는 제가 그에게 파알리어의 지식이 부족함을 지적한 것에 대해서 대단한 불쾌감을 느끼고 이렇게 말한 것인지 모르겠습니다. 그러므로 이것에 대해서는 더 이상 말씀드리지 않겠습니다.

저의 대론자인 목사님께서는 또 다시 연기설을 설명하기 위해서 조리 없는 길고 긴 연설만을 나열했을 뿐이었습니다. 이와 같은 이 목사님의 논설을 그 누구 한 사람도 이해치 못했음은 당연한 결과라고 생각합니다. 그리고 그는 연기설이라는 것이 우리 인간들을 혼동시키는 크나큰 모순투성이의 가르침이라고 주장했습니다.

여기서 저는 다시 한 번 말씀드리겠지만 연기설은 그가 주장하듯 결코 우리 인간들을 혼동시키며 크게 모순을 자아내는 것이 아니라는 것을 말씀드리고 싶습니다.

이 목사님께서는 또 선천적인 의식과 후천적, 즉 감각의 움직임에 의한 의식의 구별조차도 이해하지 못했습니다. 만약에 이 구별을 이해했다면 불교의 연기설은 인간들을 혼돈시키고 모순된 가르침이라고 말하지 않았을 것입니다. 이 점에 대해서는 이 앞전에 제가 그 누구도 이해하기 쉬울 정도로 충분히 설명해 드렸습니다.

또한 목사님께서는 연기설이라는 불교 교리가 아버지는 아들에 의하여 태어나고 아들은 아버지에 의해서 태어난다고 말했습니다만, 저는 여기에서 그가 주장하는 것에 대해서 약간의 반론을 제기하지 않으면 안 되겠습니다.

아들이 아버지에 의해서 태어나고 아버지는 아들에 의해서 태어난다고 말할 때는 원형(円形, rotundity)의 탄생인 것입니다. 기독교에서야말로 이러한 탄생이 존재하고 있습니다. 예를 들 것 같으면, 예수 그리스도의 어머니이신 마리아가 여호와에 의해서 창조됐다고 했을 때 여호와는 마리아의 아버지가 됩니다. 따라서 마리아는 여호와의 딸이 되는 것입니다.

그리고 거룩하신 성령(聖靈, Holy Ghost)은 마리아의 태내에 임신되었습니다. 결국 이것을 정리하면 여호와는 마리아의 아들이 되며, 마리아는 여호와의 어머니가 됩니다. 예수 그리스도는 마리아의 아들이기 때문에 여호와는 마리아의 남편이 되며, 마리아는 여호와의 부인이 되는 것입니다. 이와 같이 마리아는 때로는 여호와의 딸이 되기도 하고 때로는 그의 어머니가 되기도 하며 또 때로는 그의 부인이 되기도 하는 것입니다.

이와 같이 그리스도의 탄생 과정은 언어 도단적인 것이기 때문에, 아버지는 아들에 의해서 태어나고 아들은 아버지에 의해서 태어난다고 하는 말도 되지 않는 비유를 가지고서 불교를 비판하려고 하는 것은 결코 옳은 행동이라 볼 수 없습니다. 아버지가 아들에 의해서 태어나고 아들은 아버지에 의해서 태어난다는 논리는 오히려 불교가 아닌 예수 그리스도의 탄생설에 가장 적합하며 그 타당성을 입증해 주는 한 예가 아니고 무엇이겠습니까? 때문에 이와 같은 비논리적인 그의 반론에 대해서는 이것으로 끝낼까 합니다.

그리고 목사님께서 천국에서 살고 있는 것도 인간이라고 말하는 것을 들으셨을 겁니다. 그러나 천국에 거주하고 있는 것이 인간들이라고 그 어느 종교도 철학에서도 말하고 있지 않습니다. 때문에 이 목사님의 생각은 새로운 표현의 사고라고 생각되어집니다.

영혼이 이 생에서 저 생으로 여행을 한다고 믿고 있는 사람들을 난센스라고 말씀드릴 수밖에 없습니다. 즉 이것은 그들의 미신성을 정당화시키기 위한 거짓말에 불과하다고 말씀드릴 수 있습니다.

그러므로 기독교인들이 주장하는 논리에 의해서, 우리들의 논리는 오히려 그들의 비정당성을 밝힌 결과가 된 것을 여러분들은 충분히 이해하셨으리라 믿는 바입니다. 따라서 그들의 설명이 얼마나 무의미하다는 것을 잘 아셨을 것입니다.

애당초 기독교 측의 이 같은 주장이 나오게 된 것은 "만약에 영혼이 이 세상에서 저 세상으로 간다고 한다면 천국에 거주하고 있는 것은 인간들이 아니겠느냐"는 저의 질문에 적합한 대답을 할 수 없었으므로 목사께서 자기 멋대로 천국에서 거주하고 있는 것은 인간들이라고 말한 것이 시작이었습니다.

자신들이 신앙하는 종교까지도 이해하지 못하고 제멋대로 발언을 하는 사람이 어떻게 이론을 전개하겠습니까? 차라리 침묵을 지키는 것이 좋을 듯합니다. 이 점에 대해서는 더 길게 설명할 필요도 없이 여러분들께서 더욱 잘 알고 있는 것과 같이 천국에는 강력한 신들만이 존재하고 그곳에는 인간들은 존재하지 않습니다. 이러한 문제에 대해서 더 이상 어떤 것도 언급할 필요가 없다고 생각합니다.

그리고 목사님께서는 "삶을 얻으리라(shall be made alive)"라는 말을 제가 모른다고 말했습니다. 그러나 그는 그러한 말들을 저와 이 자리에 계신 여러분들이 이해할 수 있도록 그 의미를 설명해 주지 않았습니다.

신약성서 『고린도전서』 15장 22절에 "아담 안에서 모든 사람이 죽은 것 같이 그리스도 안에서 모든 사람이 삶을 얻으리라"고 기록되어 있습니다. 이 설명에 관해서는 앞에서도 말씀드렸습니다. 때문에 더 이상 성경을 펴 보일 필요가 없겠습니다.

만약 예수 그리스도가 지구상의 생명체가 있는 것들에 대해서 "삶을 얻으리라"고 말씀하셨다면 예수 그리스도를 우리들이 구원자라고 부르지 않을 것입니다. 또한 우리는 그를 믿음으로써 우리들이 구원을 받지 못할 것입니다.

그리고 또 목사께서는 이 세상에서 저 세상인 천국으로 가는 영혼의 형상과 모습은 아주 정교하기 때문에 우리들이 말로써 표현할 수가 없다고 말했습니다. 만약 그 영혼이 그렇게 정교하다면 그들의 영혼이 천국으로 간다는 것을 어떻게 알 수 있으며, 어떻게 그것을 언어로 표현할 수가 있겠습니까.

저는 무색계無色界에 태어나는 인간들의 본질을 설명할 수가 없다고 말하지 않았습니다. 다만 설명할 시간적인 여유가 없다고 말했을 뿐입니다.

저의 친구 목사께서는 무색계인 범천에 태어나는 영혼은 다른 곳으로 떠나지 않는다고 했습니다. 그러나 범천이 존재하고 있는 것조차 그는 인정하려고 하지 않았습니다. 때문에 그가 말하는 영혼을 범천의 본질과 비유한 것은 크나큰 모순점이라 지적하지 않을 수 없습니다.

또 목사님께서는 오늘 오전 중에 대론한 전도사 사리만나 씨의 연설을 인용해서 말했습니다. 이 두 사람이 말하고 싶었던 것은 부처님이 돌아가신 뒤 450년 후에 부처님의 가르침을 책으로 엮었다는 것입니다. 그 문제에 대해서는 제가 이 앞에서의 대론에서 충분히 납득할 만큼 설명을 했다고 생각합니다. 때문에 이 문제에 대해서 더 이상 대답할 필요를 느끼지 않습니다. 만약에 더 듣고 싶으시다면 〈사마야 산그라하Samaya Sangraha〉라는 잡지의 제4절에 그 설명을 상세히 게재하고 있습니다.

(그는 참고 잡지를 기독교도들에게 전해 주었다.)

목사님께서는 모세가 특히 중요한 인물이라는 것을 입증하기 위해서 많은 노력을 했습니다만 그것은 유감스럽게도 전혀 무의미한 결과로 끝나 버리고 말았습니다. 왜냐하면 모세는 자기 나라에서 살인죄를 범하고 자기 나라로부터 도주한 범죄자였기 때문입니다.

그리고 목사께서는 모세가 예수 그리스도의 제자가 된 후 범죄를 저지른 적이 없다고 말했습니다만 구약성서『출애굽기』에서는 그가 죽을 때까지 쭉 범죄자였었다고 기록하고 있습니다. 때문에 모세는 결코 목사님께서 주장하시듯 착한 사람은 아니었습니다.

이와 같이 모세와 같은 범죄자가 기록한 성경을 읽고 또한 그 가르침을 믿고서 구원을 얻으려고 하는 것은 마치 모래를 짜서 기름을 얻으려고 하는 것과 무엇이 다르겠습니까? 그러므로 이 목사님의 주장은 전혀 무의미한 노력이었음을 일목요연하게 알 수 있습니다.

이와 같이 또 다른 많은 사실을 대조해 보았을 때 기독교는 결코 진정한 종교가 아니라는 것을 알 수 있습니다. 그러므로 기독교를 지상 최대의 종교로 믿고 있는 기독교도들은 지금 당장 그 삿된 신앙을 버리고 올바른 종교에 귀의해야 하지 않겠습니까?

또 목사께서는 불교의 앙굴리마라[87] 존자가 살인자였다고 합

---

87 출가 전 본명은 아힘사카Ahiṃsaka. 어느 바라문의 제자가 되어 수행 중, 용모 단정하고 재능을 구비한 그에게 스승의 아내가 연정을 품고 유혹했으나 거절하자 그녀가 남편에게 아힘사카에게 강간당했다고 모략했다. 그러자 그의 스승은 분노하여 거짓 가르침을 주었다. 즉, 나에게서 배울 것은 더 이상 없으니 밖에 나가 1,000명을 죽여서 그들의 손가락 하나씩으로 목걸이를 만들어 바치면 너에게는 더없는 진정한 깨달음의 길이 열리리라고 한 것이다. 스승의 명령을 거절할 수 없어 그것을 실행하던 중, 마지막 한 명이 남았을 때 다른 사람들은 다 숨어 버리고 아들의 소식을 들은 그의 어머니가 아들을 찾으러 나타났다. 고민 끝에 자신의 어머니마저 죽이려 할 때 불타가 가로막고 설법하니 불타의 위덕과 위업에 감명 받아 그 길로 출가, 앙굴리마라Aṅgulimāla라는 법명을 받고 자신의 사악한 죄에 대한 깊은 참회와 용맹 정진의 결과 깨달음을 얻은 불제자

니다. 그것은 전혀 근거 없는 거짓입니다. 앙굴리마라 존자는 결코 사람을 죽인 적이 없습니다. 뿐만 아니라 개미 한 마리도 죽인 적이 없습니다. 목사께서는 자신이 말한 것을 불교 성전에서 입증해 보이려고 했습니다만 성취할 수가 없었습니다. 그것은 목사께서 찾고 있던 살인자 앙굴리마라는 존재하지 않았기 때문입니다.

다시 말해서 앙굴리마라라는 이름은 그가 깨달음을 얻은 뒤의 이름입니다. 불교 신자들이 존경하며 숭배하는 것은 부처님께 귀의해 깨침을 얻은 뒤의 앙굴리마라 존자인 것입니다. 출가하기 전에 죄를 지은 자는 앙굴리마라 존자가 아닙니다. 죄를 지은 것은 앙굴리마라 존자와는 전혀 관계없는 사람이었습니다. 일반 재가인으로 있던 그를 성인이라고 말하지 않았습니다.

하란티카(Harantika, 도둑), 알라바카(Āḷavaka, 살인자)에 대해서도 마찬가지입니다. 이와 같은 것에 대해서 더 이상 시간을 허비하고 싶지 않습니다.

또 목사님께서는 베산타라 왕의 보시 행위에 대해서도 비난을 했습니다만 이 역시 오늘 아침 전도사 시리만나 씨에게 말씀을 드렸습니다. 그에게 말씀드린 대답이 목사님께 말씀드릴 수

중의 한 사람.

있는 적합한 대답이라고 생각합니다.

그리고 목사님께서는 보살이 자기 부인을 타인에게 기부(보시)한 것을 입증시키기 위해서 테리 아파다나(Therī Apadāna, 長老尼의 비유)의 설문 중에 "네카 코티 사하사니 바리얏타야 다아시맘neka koṭi sahassāni bhariyātthāya dāsi maṃ" 등을 인용했습니다. 그러나 이 설문 속에서는 그러한 의미를 입증할 만한 곳이 전혀 없습니다. 바라문으로 위장하고 온 사크라(Sakra, 帝釋) 천신에게 베산타라 왕이 자기 부인을 기부한 것은 사실입니다.

"바리얏타야 다아시맘bhariyātthāya dāsi maṃ"이란 말의 뜻은, "당신은 타인인 나에게 부인을 넘겨주었다"라는 의미입니다. 그러나 이 천신은 맛디이Maddī 왕비를 자기 부인으로 취하지 않았습니다. 『베산타라 본생경』에 의하면 베산타라 왕이 자기 부인을 사크라 천신에게 보시를 했으나 사크라 천신은 즉시 그녀를 베산타라 왕에게 돌려보냈습니다.[88]

이러한 의미이기 때문에 이 설문은 저의 대론자인 목사님께서

---

88 이에 상당하는 경전 기록을 보면 '자, 이제 빨리 그녀를 돌려주고 돌아가지 않으면 안 되겠다'고 생각하고 다음과 같이 말했다. "당신의 아름다운 부인인 맛디이를 돌려주겠소."(『자아타카』 VI, pp.571~572. PTS. London) 라고 명시되어 있다.

주장하는 바의 증거가 될 수 없는 것입니다. 만약 그가 명확히 입증하고 싶다면 보살의 부인이 언제 어디서 누구의 부인으로 있었는가를 말하지 않으면 안 될 것입니다. 그러나 저의 대론자인 목사님께서는 그러한 증거를 제시할 수 있는 지식을 가지고 있지 않음은 이미 다 아시는 바와 같습니다. 그러므로 이런 문제들에 대해서는 이상의 대변으로 충분하다고 생각하는 바입니다.

또한 목사님께서는 "아가타가타난Āgatagatānaṃ"이라고 하는 파알리어 문장을 들추어 이 문장이 불교 성전에 있다고 말했습니다. 그러나 그러한 문장을 우리들은 찾아낼 수가 없습니다. 만약 그러한 문장이 기록되어 있는 불교 성전이 존재한다면 그 경전을 인용해 주시기 바랍니다. 그러나 저는 목사께서 그 같은 경전을 명시할 수 있으리라고는 생각지 않습니다.

보살이 수행 중 그의 보시행으로서 눈·머리·육신과 혈액·부인과 어린애를 원하는 타인에게 주었다는 것을 인정합니다. 하지만 보시행을 수행하는 데 있어서 그 정도의 열성과 정열이 없으면 깨달음의 경지에 도달할 수 없음을 보여 주기 위함인 것입니다.

깨달음의 경지에 도달하는 것은 이 세상에 존재하는 최고의 목표이며 안락인 것입니다. 이러한 것들은 앞에서도 충분히 말씀드렸기 때문에 더 이상 말씀드릴 필요가 없다고 생각합니다.

그리고 목사님께서는 파란타파와 수손디야『본생경』을 인용하면서 불도를 수행하는 보살도 죄를 지었다고 말했습니다. 그리고 그것은 불타에 대한 비난이지만, 유감스럽게도 불교 혹은 불타 그 어느 쪽도 그의 언동에 의해서 명예가 손상되지 않았습니다.

왜냐하면 번뇌에 오염된 중생들이 죄를 짓는 것은 당연한 것입니다. 번뇌에 오염된 사람이 죄를 짓는 것은 번뇌를 끊어 버린 불타에게 불명예가 되지 않습니다. 십바라밀[89]을 완성한 보살들은 잘못을 저지를 리가 없다고 우리들은 단언하지 못합니다. 그렇지만 그가 깨달음의 경지에 든 후로는 아무런 죄를 저지르지 않았습니다.

우리들이 일상 귀의하며 존경하며 경의를 표하는 것은 이러한 불타이지 십바라밀을 수행하는 보살들이 아닙니다. 그렇기 때문에 목사께서 그러한 보살들의 잘못을 지적하는 것은 전혀 무의미

---

89 십바라밀十波羅蜜: 파알리어 성전에서 설하는 십바라밀은 보시(dāna), 지계(sīla), 출가(nekkhamma), 지혜(paññā), 정진(vīriya), 인욕(khant), 진실(sacca), 자비(metta), 결의(adhiṭṭhāna), 사(捨, upekkhā: 마음의 평안) 등이고, 대승불교에서의 십바라밀은 보시, 지계, 인욕, 정진, 선정, 지혜, 방편, 원願, 력力, 지智의 열 가지이다.

한 구설들이었습니다.

그리고 목사님께서는 "붓단쿠라Buddhankura"라는 의미를 "허약한 묘목苗木"이라고 했습니다. 그러나 그와 같은 의미가 아닙니다. 이렇게 난센스를 말한 것은 그의 지식이 부족한 것을 확실히 증명해 주는 것입니다.

더욱이 그는 불타가 전지전능한 자가 아니며, 어린애들의 평균적인 지식마저도 갖고 있지 않다고 말했습니다. 이것을 증명하기 위해서 수미산이 존재한다는 의미의 "시네루 비카베 팝바타 라아자Sineru bhikkave pabbata rājā"라는 문장을 인용하며 말했습니다. 수미산이라는 산이 없다는 것을 증명하기 위해서는 그는 지리학적으로 설명했습니다.

그런데 지리학을 만든 사람은 아이작 뉴턴(Isaac Newton, 1642~1727; 영국의 과학자이며 수학자)이었습니다. 그러나 그의 학설을 비판해서 모리슨(R.J. Morrison)이라고 하는 천재적인 영국의 학자가 저술한 책을 저는 여기에서 소개하고 싶습니다.

이 책에 의할 것 같으면 뉴턴의 지리학은 잘못되었음을 증명하고 있습니다. 목사님께서 인용하여 도움을 청한 뉴턴의 지리학에 의하면 밤(야간)은 지구의 자전에 연유함이라 합니다. 그러나 모리슨의 저술에서는 태양이 회전하고 지구가 움직이지 않는 현상이라고 기록되어 있습니다.

이와 같이 영국의 과학자들 자신조차도 결코 의견이 일치하고 있지 않으며 또한 비판의 대상이 되고 있는 지리학을 가지고서 불교의 교리를 옳지 못하다고 반박하고자 한다면 그것은 얼마나 어리석은 행동입니까.

목사님에 의해서 여러분들께 보여진 지구 모형을 여러분들은 보셨을 것입니다. 이 지구 모형은 뉴턴의 지리학설에 의해서 만들어진 것입니다. 저는 여기서 그가 반론으로 던진 볼을 이제 다시 그에게 돌려보냅니다. 모리슨 역시 영국의 과학자입니다. 그는 우리에게 지구가 회전하지 않음을 증명하기 위해서 그의 저술에서 충분한 증거를 보여 주었습니다.[90]

(모리슨의 저술을 기독교 측에 전해 주었다.)

이 저술은 당신이 저에게 공격의 무기로 던진 볼을 다시 당신에게 되돌려 주는 것이 될 것입니다.

이 문제에 관해서 영국의 과학자 및 『태양의 법칙(Sūrya Siddhānta)』 등의 책을 저술한 범어학자들 간의 지리학에서도 아직은 확실한 정의가 내려지지 않고 있습니다. 영국의 과학자들 사이에서도 지리학에 관한 의론이 여기저기서 일어나고 있습니다.

---

90 논쟁 당시에는 지동설地動說과 천동설天動說의 양론이 팽팽히 대립하고 있었다.

이와 같이 과학으로서 인정되지 않은 지리학을 가지고 불교를 공격하려고 생각한 것은 전혀 무의미한 노력이었으며 어리석은 행동이라 말하지 않을 수 없습니다.

여기에서 저는 북쪽에 수미산이 존재하고 있다는 것을 증명하기 위한 충분한 증거가 있음을 보여 드리지 않으면 안 되겠습니다. 그것은 나침반입니다. 이 나침반의 바늘은 항상 북쪽을 가리키고 있습니다. 나침반을 그 어느 쪽으로 움직인다 해도 결코 다른 방향으로 향하지 않습니다. 이 사실은 우리들에게 북쪽에서는 자석을 끌어당기는 그 무엇인가의 물체가 있음을 보여주는 것입니다.

불교에서는 수미산은 4대륙의 북쪽에 위치한다고 말하고 있습니다. 그러므로 우리는 자석을 끌어당기는 것은 수미산이라는 것을 쉽게 이해할 수 있는 것입니다. 만약 그것이 그렇지 않다면 나침반의 자석 바늘 역시 다른 방향으로 돌아갈 것입니다.

이와 같이 나침반의 바늘이 다른 방향으로 향하지 않고 항상 북쪽만을 가리키는 것은 북쪽에 특별한 그 무엇인가가 존재하고 있다는 것 아니겠습니까? 그것을 우리들은 수미산이라고 생각하지 않을 수 없습니다. 이 의견에 대해서는 그 누구도 반론을 제기할 수 없다고 생각합니다. 때문에 수미산이 존재한다고 말할 수 있는 것입니다.

나침반의 바늘이 왜 북쪽으로 향해 있는가를 영국의 과학자들이 납득이 될 수 있게 설명한 것이 있습니까? 지금까지도 그 이유에 대해서 그들은 정의 내리지 못하고 있습니다. 만약에 그것을 명료하게 설명한 과학자가 있다면 그가 누구인가를 알려주시기 바랍니다. 지금 이 자리에 계시는 그 어느 분들도 그의 이름을 정확하게 알려주실 분은 단 한 사람도 안 계실 것입니다.

이 세상에서 수미산보다 거대한 산은 없을 것입니다. 그러므로 이 산이 존재하는 방향으로 나침반의 바늘이 움직이고 있는 것입니다.

그리고 목사께서는 수미산과 같이 거대한 산, 즉 약 2만5천 마일(약 4만 킬로미터)의 원주를 가진 산이 이 작은 지구에 존재할 리가 없다고 강조했습니다. 이 주장 또한 전혀 무의미한 노력에 불과했음을 말씀드리지 않으면 안 되겠습니다. 왜냐하면 지구의 원주는 뉴턴의 논리에 의해서 계산되어진 것이기 때문입니다. 이 지구의 크기에 대해서는, 뉴턴의 타당하지 못한 과학에 따라서 생각되어진 것을 진실이라고 받아들일 수 없습니다. 다른 과학자들도 그의 학설을 인정하지 않습니다.

그리고 불교에서 말하는 길이의 단위인 유순(Yojana; 인도의 거리의 단위, 由旬)의 정확한 길이를 본 고장인 인도의 학자들도 알지 못하며 여러 학설이 있음에도 불구하고 그 정확한 길이를 목사님이신 당신께서 알 수 있다고 생각하십니까?

이상 수미산에 관한 목사님의 반론에 대해서 저는 그 누구도 이해할 수 있으리만큼 충분히 답변을 했다고 생각합니다. 그리고 수미산이 존재함을 입증하기 위한 저의 증거는 가장 적절했고 논리적이었으며, 수미산이 존재하지 않는다고 주장하는 목사의 반증은 전혀 비논리적이며 효과적인 증거가 되지 못했음을 여러분들께서는 충분히 이해하셨으리라 생각하는 바입니다.

목사님께서는 다음으로 귀신에 들려서 미친 정신이상자 승려에 대해서 이야기하며 불교를 비방했습니다. 그러나 한 승려가 병에 걸린 것은 병든 그 자신의 불명예는 될지언정 불교 전체의 불명예가 될 수는 없는 것입니다.

불교의 경전 속에서 부도덕하고 무지한 인간에게 명상법을 지도하고 그것을 실천케 하면 그 사람의 정신에 혼동을 야기할 수도 있다고 기록되어 있습니다. 그러므로 이것은 결코 불교에 대한 불명예스러운 일이 될 수가 없는 것입니다.

또 목사께서는 부처님 생존 시에 부처님을 존경하지 않고 신심이 없는 어느 한 승려가 나쁜 행동을 했다고 해서 불교를 비방했습니다.

그러나 우리들은 사악한 사람이 악행을 저지르지 않는다고 단언하지 않습니다. 지금 현재에도 죄를 저지르는 승려가 있습니다. 그러나 그들이 존재한다고 해서 불교 전체의 불명예로까지는 되지 않습니다.

불타가 악행을 한 승려에게 처벌을 한 것은 계율을 만들어 놓은 뒤로부터 시작된 것입니다. 계율을 만들기 전에는 그러한 승려를 처벌한 적이 없습니다.

한 예로서, 만약에 누군가 법률을 위반하여 국법에 의해서 그에게 왕이 처벌을 내렸다고 합시다. 그러나 법률이 제정 성립되기 전에는 처벌할 수가 없는 것은 상식입니다. 이와 마찬가지로 불타가 계율을 만들기 전에 죄를 지은 자에게 처벌을 할 수가 있겠습니까?

그러므로 불타는 죄를 지은 자에게 처벌을 하지 않았다고 말하는 목사님의 지식은 상식적으로도 생각할 수 없는 무지無知의 소산이라고 말하지 않을 수 없습니다.

율장(불교의 계율을 기록한 경전)에는 어떠한 승려가 어떠한 죄를 지어 어떠한 처벌을 받았다는 것이 상세히 기록되어 있습니다. 그러므로 불교는 얼마나 순수하며 명철한 종교인가를 알 수가 있습니다. 때문에 아무리 목사님께서 승려들의 죄를 나열·지적한다 해도 불교를 비판하는 재료가 될 수가 없습니다.

그리고 목사께서는 이 앞 대론에서, 계율을 기록한 율장에 의하면 어떤 승려가 어느 여인에게 임신이 중절되도록 지도한 죄로 인해서 불교 교단으로부터 파문되었다고 했습니다. 그리고 이 대론자께서는 그 악행을 자행한 승려가 다만 처벌을 받은 것뿐이라고 했습니다. 그러나 율장에서는 그의 발언을 증명할 만한 증거를 찾아볼 수가 없습니다. 이와 같이 경전에 있는 것은 없다고 하고, 없는 것은 있다고 하는 이 목사의 발언은 불교의 그 어느 부분에도 불명예를 초래할 수 없음을 증명했다고 볼 수 있겠습니다.

계속해서 이 목사님께서는 춘다라고 하는 불교 승려가 불타에게 돼지고기를 제공했다고 말했습니다. 그러나 불교 경전에서는 이러한 사실을 발견할 수가 없습니다. 다만 춘다라고 하는 재가 신자가 수카라 맛다바Sukara Maddava[91]라는 반찬과 함께 음식을 불타가 돌아가시기 전날에 대접했다고 기록되어 있습니다.

그러나 이 음식을 드신 것으로 인해서 불타가 병에 걸리게 된 것은 아닙니다.[92]

---

91 나무에서 나는 버섯의 일종. 경전에서는 "수카라 맛다바를 먹고 병이 나 고생하게 되었다"(DN. II, pp.127~128)라고 기록되어 있다. 이 요리에 관해서는 "돼지고기" 또는 "나무 버섯"으로 만든 것이라는 등 많은 학자들이 서로 다른 설을 주장하고 있는 형편이다.

92 구나난다 스님은 이렇게 말하지만 경전에서는 "수카라 맛다바를 드신 후 심한 병에 걸렸다"(DN. II, pp.127~128)고 한다. 그러므로 부처님이 이 요리를 드신 후 병에 걸린 것은 사실일 것이다. 그러나 경전에서는

왜냐하면 그 대접을 받지 않았어도 그 이튿날은 불타께서 대열반大涅槃에 드시기로 한 날이기 때문입니다. 그것은 다만 불타의 최후의 식사로서 기록되고 있을 따름이지, 불타가 이 식사로 인해서 병환이 났다고 말하기 위해서 기록되어진 것이 아닙니다.

만약에 불타가 다른 음식을 드셨다고 한다면 그 음식에 의해서 돌아가셨다고 이 목사님께서는 말씀하지 않겠습니까? 때문에 이 문제에 대해서 더 이상 답변을 해 드릴 필요를 느끼지 않습니다.

이상으로 목사님께서 반론한 것에 대해서 저는 충분히 납득이 갈 만큼 말씀드렸다고 생각합니다. 다만 오늘 아침에 말씀하신 전도사의 반론에 대해서 대답해야 할 세 가지 질문이 남아 있습니다. 그것은 삼귀의[93] 문제, 구족계具足戒에 대한 논쟁 문제, 알라라카라마와 웃다카라마풋타라는 선인仙人에 대한 문제입니다.

그는 불타가 이미 죽어 없어졌기 때문에 그에게 귀의할 필요가

이 같은 기록이 있지만, 실제로 어떤 음식에 의해서 중독을 일으켰는가에 관해서는 그 예전부터 많은 이설異說이 있다.

[93] 삼귀의三歸依: 귀의는 믿고 마음을 맡겨 의지하는 것을 말한다. 삼귀의는 ① 부처님께(Buddha) 귀의, ② 교법(Dharma)에 귀의, ③ 승단(Saṃgha)에 귀의하는 것이다. 불교도가 되는 것은 이 삼귀의로부터 시작되며 따라서 삼귀의는 불교도로서의 근본조건이다.

없다고 말했습니다. 불타의 죽음에 대해서 그는 전혀 지식이 없기 때문에 그와 같은 바보 소리를 하는 것입니다. 지금 이 자리에서 저는 불타의 죽음에 관해 설명하기로 하겠습니다.

불타의 죽음은 3단계로 나타나고 있습니다. 그 첫 번째 죽음은 번뇌의 죽음(Kleśa Parinirvāṇa, 煩惱般涅槃)이며, 두 번째의 죽음은 육체적인 죽음(Skandha Parinirvāṇa, 蘊般涅槃)이며, 세 번째 죽음은 불사리[94]의 죽음(Dhātu Parinirvāṇa, 舍利般涅槃)인 것입니다.

첫 번째 죽음은 불타가 보리수나무 밑에서 깨우침을 성취했을 때였으며, 두 번째 죽음은 말라바(Mallava; 부처님 당시 인도의 16대국의 하나) 왕국의 사알라(Sāla; 娑羅)라고 하는 마을 숲속에서 육체의 다섯 가지 각 구성 부분(色, 受, 想, 行, 識)이 끝났을 때, 즉 육체적인 죽음을 말하며, 세 번째 죽음은 불타의 사후死後 5천년 뒤에 일어나는 것입니다. 즉 불타의 사후 5천년 후에 세계 각처에 흩어져 있는 불타의 모든 사리(유골)가 그가 깨우침을 얻었던 인도의 보리수가 있는 곳으로 저절로 집결되어 생전에 불타의 육신과 같은 형상으로 나타난다고 합니다. 거기에서 천신들에게 극히 짧은 시간에 법을 설하고 불사리 그 자신이

---

94 불사리佛舍利: 범어 Śarīra의 음역. 신골身骨의 의미로서 특히 부처님의 유골을 말한다.

화장되어 소멸되는 것입니다. 그것은 지금부터 2500년 후에 일어나는 현상입니다. 그때까지 불사리가 소멸되지 않기 때문에 불타가 완전히 죽어 없어졌다고 말할 수 없습니다. 그러므로 불타가 이미 죽어 없어져 지금 현재 존재하지 않는다는 이 전도사의 의견은 결코 올바른 의견이 아닙니다.

그리고 부처님께 귀의한다고 하는 것은, 신앙심이 있는 사람들에게는 불타가 생존 시와 똑같이 선근공덕을 쌓아 부처님을 안치하고 있는 사리탑에 공양하고 불상이 모셔져 있는 곳에 공양하고 예배하는 것이며, 이 같은 실천 행위는 불교 신도로서 극히 당연한 것으로서 헤아릴 수 없는 많은 공덕을 짓는 것입니다. 부처님에 대한 존경심을 언제나 새롭게 하며 공양하는 마음가짐을 갖는 자에게는 지금 현재 이 시간에도 그의 마음속에서 늘 살아 함께 하고 있는 것입니다.

또 법(Dharma, 진리)에 귀의한다는 것은 불경에 귀의한다는 것이 아닙니다. 법은 불타의 가르침이며, 그 법은 불타 자신의 스승이기도 한 것입니다. 만약 어떤 사람이 이 법을 실행하고 믿고 의지한다면 그것에 의해서 그는 반드시 구원을 받을 것입니다. 법에 귀의한다는 것은 이러한 의미인 것입니다.

마지막으로 승가(Saṃgha, 승단)에 귀의한다 함은 현재 존재하고 있는 승려를 가리키는 것이 아닙니다. 승가에는 두 가지

종류의 승가가 존재하고 있습니다. 그 첫 번째는 아리야(arya, 성스런, 성자) 승가이며, 두 번째는 삼무티(sammuti, 집단에 의한 선출·선정) 승가입니다. 아리야 승가라고 하는 것은 네 가지 과(四果)[95]를 증득한 수행승들을 가리키며, 삼무티 승가는 네 가지 계율의 방법에 따른 구족계의 의식에 의해서 비구승의 한 사람이 된 자를 의미합니다.

승가에 귀의하는 우리들은 아리야 승가에의 귀의인 것입니다. 아리야 승가를 숭배하고 믿고 의지함으로써 우리들은 무한한 선근공덕을 쌓을 수가 있는 것입니다. 승가에 귀의한다는 말에는 이상과 같은 의미가 함축되어 있다는 것을 분명히 이해해 주시기 바랍니다.

다음으로 구족계에 관해서 전도사는 〈라크리비키라나Lakrivi-kirana〉라고 하는 신문에 게재되어 있던 구족계에 대한 논쟁을 인용했습니다.

이 논쟁의 참가자는 샴파와 버마파의 두 명의 승려라고 전도사가 말했습니다. 그러나 이 논쟁에는 이 두 파 어느 쪽의 승려도 참가하지 않았습니다. 논쟁에 참가한 그들은 가명으로 출석한

---

[95] 4과四果: 남방불교에서의 깨달음의 결과 4단계. ①수다원과(須陀洹果, 預流果), ②사다함과(斯陀含果, 一來果), ③아나함과(阿那含果, 不還果), ④아라한과(阿羅漢果, 無學果)를 말한다.

야심에 찬 이들이었습니다. 이 논쟁에 참가한 두 명의 가명의 승려가 거기에 참가한 의미가 어디에 있을까요? 그것은 참 구족계에 관한 대론을 하기 위한 것이 아니며, 그들 자신의 개인적인 어떤 야심이 있지 않았나 생각합니다. 그들의 그와 같은 계획을 증명해 달라고 원한다면 언제든지 제가 그것을 증명해 보이겠습니다.

그러므로 이 구족계에 관한 논쟁은 그곳에 참가한 두 명의 승려의 문제이지 우리 불교 전체의 명예를 손상시킬 수는 없는 것입니다. 오히려 그것을 가지고 불교 전체의 명예를 손상시키려고 하는 것은 전도사의 빈약한 지식을 더욱 명확히 할 뿐입니다. 때문에 이 문제에 대해서는 더 이상 논할 필요가 없다고 생각합니다.

그리고 전도사가 반론을 제시한 알라라카라마 및 웃다카라마풋타에 관한 문제에 대해서도 밧데가마(Baddegama; 스리랑카 남부 지방의 한 마을)와 이전에 행해진 다른 지방의 대론에서 충분히 설명했다고 여겨집니다. 그 당시의 대론 내용이 담긴 출판물을 지금 여기에 제가 가지고 있습니다. 이 책 한 권을 기독교도들에게 전해 주면 그것에 관한 충분한 대답이 되리라 생각합니다. 그러나 저에게 주어진 시간이 아직도 약간 남아 있기 때문에 몇 말씀 보충해 드리고 싶습니다.

먼저 불타가 갖고 있는 천안[96]의 지혜는 언제나 사물을 보는 지식이 아닙니다. 불타는 단지 그가 보길 원하는 어떤 일이 있을 때만 그의 지혜를 움직여서 그것을 관찰하는 것입니다. 이 지혜가 움직이고 있을 때에는 불타는 이 세상의 모든 사물은 물론, 우리들 육안으로는 관찰할 수 없는 모든 것을 관찰할 수 있는 것입니다.

한 예로서, 우리들 인간들도 우리들이 가지고 있는 눈을 뜨고 있을 때에만 사물들이 보이지 않습니까? 눈을 가지고 있다 해도 눈을 감고 있을 때는 세상의 모든 사물이 보이질 않는다고 우리들은 말합니다. 때문에 이러한 것만으로 우리들 인간들이 눈을 가지고 있지 않다고 말하는 것은 큰 잘못이 아닐까요?

이와 마찬가지로 불타께서 성도聖道 후 알라라카라마와 웃다카라마풋타에게 설법하려고 했을 때는 불타 자신이 천안의 지혜가 필요하다고 느끼지 않았기 때문에 사용하지 않았던 것입니다. 그때에 어떤 천신이 그들이 죽어 이미 이 세상에 존재하지 않음을 불타께 보고했습니다. 그때에 불타가 천안의 지혜를 발휘해서 이 두 사람이 죽었다는 사실뿐만이 아니라 그들이 어느 세상에 다시 태어났는가까지를 통찰하게 되었습니다. 이 두 사람은

---

[96] 천안天眼: 오안五眼의 하나. 시공時空을 초월하여 모든 것을 볼 수 있는 눈이다.

그들의 생전 시부터 친한 사이였기 때문에 그들에게 설법을 하려고 한 것뿐이었습니다.

만약 그 누군가가 이 세상의 모든 것을 항상 볼 수 있는, 이 세상의 상식을 초월한 지혜를 가지고 있다고 한다면 이러한 눈을 갖고 있는 것만으로도 그것은 지옥과 같은 괴로움이 아니고 무엇이겠습니까? 불타에게 그러한 지옥의 눈의 지혜는 없는 것입니다.

그러나 여호와께서는 그러한 지혜의 눈을 가지고 있다고 기독교의 친구들은 말하고 있습니다. 만약 그것이 사실이라면 여호와께서는 이 세상에서 일어나고 있는 모든 나쁜 일들, 예를 들어서 인간들이 대변을 보고 있는 것, 혹은 소변을 보는 것 등을 항상 보고 계시는 것이 아닐까요?

이와 같이 이 세상에서 참으로 차마 볼 수 없는 것들을 언제나 보고 계시는 여호와의 괴로움은 그야말로 지옥의 괴로움에 비유할 수가 있지 않겠습니까?

이와 같은 괴로움은 불타에게는 없습니다. 언제나 일체 사물을 항상 관찰할 수 있는 지혜의 눈을 불타는 항상 갖고 있지 않기 때문이지요. 항상 사물을 관찰할 수 있는 여호와의 지혜의 눈은 대단히 불행한 것이라고 생각하지 않을 수 없습니다. 이에 반해서 필요로 할 때만 그 지혜를 발휘해서 관찰할 수 있는 불타의 지혜의 눈은 대단히 행복한 지혜라고 생각하지 않을 수 없는 것입니다.

알라라카라마와 웃다카라마풋타에 관한 문제는 이상으로 충분한 대답을 했다고 생각하는 바입니다.

기독교인 친구들이시여! 저에게 주어진 시간이 조금밖에 남지 않았습니다. 지금부터 기독교의 본질이 어떤 것인가에 대해 말씀드리기로 하겠습니다. 주의 깊게 들어주시면 감사하겠습니다.

기독교의 성도들은 천지 창조자가 그 누구인가를 잘 모르고 계십니다. 그러한 증거를 기독교 성경 자신에게서 찾아볼 수가 있습니다.

구약성서 『창세기』 1장 2절에 "하나님의 성령이 물 위에 떠 있어 운행하신다"라고 기록되어 있습니다. 성경을 기록한 자는 어리석은 자가 아닙니까? 왜냐하면 물 표면에 하나님의 성령이 움직이지 않는다면 결코 아무것도 창조할 수가 없기 때문입니다. 저는 여기서 제가 지금 말씀드린 사실을 여러분들께서 확신할 수 있도록 중요한 증명을 해 보이겠습니다.

야자수 열매가 1년간 야자나무 위에서 매달려 있습니다. 이 야자수 열매 속에는 물이 들어 있습니다. 그 물에는 1년이 지나도 벌레가 나지 않습니다. 그러나 만약 그 야자열매에 조그마한 구멍을 뚫어 놓으면 며칠도 지나지 않아 벌레가 나고 맙니다. 구멍을 뚫지 않았을 때는 설혹 1년이 지나도 벌레가 나질 않았는데 왜 구멍을 뚫자마자 며칠도 지나지 않아 벌레가 났을까요?

만약 야자수 열매에 뚫린 구멍에 공기가 통하지 못하도록 봉해 버린다면 아무리 많은 시간이 흐른다 해도 결코 벌레가 생기질 않습니다. 물이라 하는 것은 대기의 공기가 통하게 되면 반드시 그곳에 미생물이 생기게 마련입니다. 왜냐하면 공기, 불, 그리고 물의 요소들은 상호 합성되면 그 무엇인가 미생물이 생기게 마련이기 때문입니다.

"하나님의 성령이 물 위에 떠 있어 운행하신다"라고 기록한 성경의 저자는 다른 의미가 아니고, 만물이 탄생하는 원인을 말하고 싶었던 것입니다. 만물은 공기, 불, 물의 세 가지 요소가 존재할 때 비로소 시작되는 것입니다. 그러므로 진정한 천지의 창조자는 위에서 말씀드린 세 가지의 요소, 즉 공기, 불, 물인 것입니다. 이러한 세 가지 요소가 없이는 아무것도 존재할 수 없는 것입니다. 때문에 이 세상의 구제자도 수호신도 이상에서 말씀드린 세 가지 요소인 것입니다.

이 세 가지 요소는 보편적으로 그 어느 곳에도 존재하는 것입니다. 그러므로 이 세 가지 요소가 이 세상 그 어느 곳에도 편재하고 있다는 것은 틀린 말이 아닙니다. 이 세 가지 요소는 처음도 끝도 없는 것입니다. 때문에 이러한 것들을 영원한 것이라고 말하는 것은 결코 틀린 논리가 아니라 생각합니다. 이 세 가지 요소는 항상 공존共存하고 있는 것입니다. 공기의 요소 속에서 불과 물이 항상 존재하고 있으므로 이 세 가지 요소가 일체라고 말하는 것도 옳은 말입니다.

기독교는 이 세 가지 요소를 중심으로 해서 성립되어 있는 것입니다. 이와 같은 세 가지 요소의 명칭들도 기독교에서 찾아 볼 수가 있습니다. 그것은 아버지(Father), 아들(Son), 성령(Holy Spirit)인 것입니다. 또 이 세 가지 요소들을 그들의 하나님(God)으로 믿고 의지하고 있는 것입니다.

이 세 가지 요소를 인도의 힌두교에서는 브라흐마Brahmā, 비슈누Viṣuṇu, 마헤슈바라Māheśvara라고 부르고 있습니다. 이와 같은 명칭은 어찌되었건 이것들은 모두 조물주造物主인 것입니다. 이 외에는 조물주 혹은 신이 존재할 수 없습니다.

다음과 같은 사실들은 기독교의 신자들까지도 전혀 모르고 있습니다. 금단의 나무(Forbidden Tree) 열매, 그 나무 열매를 먹는 것, 그리고 뱀이 아담을 속여서 과일을 먹게 하는 것,[97]

---

[97] 여기에서는 "뱀에게 속아서 아담이 금단의 나무 열매를 먹었다"고 하지만 현대의 성경에서는 뱀에게 속은 것은 아담이 아니고 이브이며, 그 이브가 아담에게 나무 열매를 주어서 먹게 했다고 한다(구약성서『창세기』3장

과일 따먹은 아담을 처벌한 것 등입니다. 만약 이러한 것들의 진정한 의미를 알고 있었다면 하나님이 인간의 창조신이라고 기독교 신자들은 결코 믿지 않았을 것입니다.

금단의 나무 열매를 먹는 것, 그리고 뱀이 무엇을 의미하는가를 이해하지 못했기 때문에 인간을 창조한 하나님이 존재할 것이라고 그들이 믿었던 것입니다. 여러분들이 이해하고 계시지 못한 이러한 것들을 지금 여기서 제가 설명해 드리고 싶습니다. 잘 들어주시기 바랍니다.

금단의 나무 열매는 아담이며, 뱀은 성적인 음욕이며, 나무 열매를 먹는 것은 성교를 하는 것입니다. 그것은 나무 열매를 먹은 이브에게 내린 처벌을 보면 알 수 있습니다. 그것은 임신과 출산이었습니다. 그녀가 받은 처벌 때문에 이브와 이 세상 모든 여자들은 임신과 출산의 그 괴로움의 벌을 받고 있는 것이라고 성경에 기록되어 있습니다(구약성서 『창세기』 3장 16절). 그러므로 오늘날에도 그 나무 열매를 먹은 여자들은 임신과 출산의 고통을 받지 않으면 안 되는 것입니다.

최초의 성경 작성자는 이 세상의 모든 사람은 아담과 이브에

1-13절 참조). 그러나 이 구나난다 스님이 당시 이 대론을 위해 사용한 성경에는 아담이 먼저였을지 모른다. 왜냐하면 구나난다 스님은 성경 내용을 변경시켰음을 자주 지적하고 있기 때문이다.

의해서 탄생된 것과, 아담과 이브의 성교에 의해 출산이 시작되었다고 기록하고 있습니다.

만약 그렇지 않다면 왜 금단의 열매를 먹었다는 이유로서 임신과 출산의 고통을 처벌로서 부과한다고 정했을까요? 그것은 마치 스리랑카에 "호박(pumpkin)[98] 도둑은 그의 어깨에 남은 자국을 보면 안다"는 말에 상당한다고 할 수 있겠습니다. 이 속담과 같이 현명한 사람들은 이브에게 가해진 처벌을 보고서 금단나무 그리고 뱀과 과일을 따먹은 의미를 충분히 이해하고도 남을 것입니다.

기독교 신자 여러분! 당신들께서는 인간의 생식生殖에 관한 성경의 우화를 이해하지 않은 채 창조신이 있다고 믿고 의지하고 있는 것입니다.

이상에서 말씀드린 충분한 자료의 입증으로서 기독교인 여러

---

[98] 호박: 동남아시아에 생장하고 있는 오이과류로서 대단히 크기 때문에 어깨에 메고 운반하며, 표면이 하얀 맥분에 쌓여 있어서 만지면 하얗게 묻어 남는다.

cf) 옛날 가난한 농부가 식량 대용으로 하기 위해 호박을 심었는데 어느 날 도둑이 호박을 훔쳐가 버렸다. 농부는 마을 촌장에게 이 사실을 고했고, 현명한 촌장은 마을 사람들을 불러 모아 놓고서 "호박을 훔친 사람은 그 사람의 어깨를 보면 금시 알 수 있다"고 말하자 어느 한 사람이 당황해서 자신의 어깨를 털었다. 이렇게 호박 도둑을 잡게 된 데서 유래한 속담.

분들께서는 지금까지의 환상에서 탈피할 수 있을 것이며, 기독교가 진정한 종교가 아니라는 것과 우리 인간들이 고뇌와 고통 속에서 구제 받기 위해서 신앙할 필요가 있는 종교가 아님을 적어도 여기 모이신 여러분들께서는 충분히 이해하셨으리라 믿는 바입니다.

아직도 저에게 주어진 시간이 몇 분 남아 있기 때문에 저는 여기서 불교가 얼마나 훌륭한 가르침인가를 몇 가지만 더 말씀드리기로 하겠습니다. 여러분들께서는 대단히 죄송하지만 최후를 장식하는 저의 견해이므로 잘 들어주시면 감사하겠습니다.

여러분들께서는 물질적인 행복을 추구하기 위해서 노력하기보다는 더욱더 자기 자신들이 고차원적이며 정신적 양식인 일상생활의 종교문제에 대해서 재고하고 노력하지 않으면 진정 보람 있는 삶을 보냈다고 자부할 수 없지 않을까요?

인간은 올바른 종교에 귀의하여 그 성현의 가르침을 실천하고 선근 공덕을 쌓고 노력하지 않는 한 영원한 구원을 얻을 수가 없는 것입니다. 그러므로 올바른 종교, 진리의 종교가 어떠한 것인가를 탐구하지 않으면 안 되겠습니다.

예컨대 황금의 장신구를 사려고 하는 사람은 그것을 사기 전에 황금 세공인에게 그 금이 순금인가 아니면 18금인가 등의 가치를 판단해 받은 다음에 사야만 하는 것입니다. 왜냐하면 그 가치를 모르고 18금을 순금인 줄 알고 자기 멋대로 사고 나면 반드시 손해를 볼 염려가 있기 때문입니다.

이와 같이 종교도 그 선택에 있어서 현인賢人들에게 묻고 확인할 필요가 있는 것입니다. 그 예전의 현인들은 이 지구의 대지와 같은 무한의 지혜와 선견의 눈을 가지고 있었으며, 세간의 모든 사람으로부터 존경을 받아 왔습니다. 더욱이 그들은 자신의 정신적·육체적인 수행뿐만이 아니라 세간에서 필요로 하는 모든 학문, 기술, 예술 등 각 분야를 완전히 습득하여 인망과 덕망을 겸비했었습니다.

그러나 오늘날의 현인들은 예전의 현인들이 걸어온 발자취에 몇 만 분의 일도 지혜와 덕망을 겸비하고 있지 않습니다. 그러나 다행히도, 오늘날의 현인들이라는 사람들에게서 배울 수 없는 모든 지혜와 덕망은, 그들은 이미 존재치 않으나 예전의 현인들이 남겨 두었던 우수한 저서들 속에 아직도 많이 남아 있는 것을 볼 수가 있습니다.

그러므로 우리들은 그들에 의해 기록된 주옥과 같은 저서를 보고서 진정한 종교가 어떤 것인가를 결정하지 않으면 안 되겠습니다.

그들의 저서는 베다Veda[99], 푸라나Purāṇa[100], 의학, 천문학 등 지혜의 결집이라고 할 수 있는 것들이 얼마든지 있습니다. 그중에 저는 베다비야사Vedavyāsa라고 하는 현인에 의해 저술된 『바가바타푸라나Bhāgavathapurāṇa』라는 책을 가지고 있습니다. 여기에 다음과 같은 계문이 실려 있습니다.

"현대적인(이 문헌 서술 시대에서 본) 시대가 되면 모든 신들과 인간들의 미혹迷惑에서 그들을 구제하기 위해서 불타라고 하는 성인이 쿠카타테스Kukaṭeṣu라는 곳에 탄생할 것이다."

현 시대를 카리유가Kaliyuga라 하고 그 이전의 시대를 드바파라유가Dvāparayuga라 하며, 이 드바파라 시대에 생존했던 선인仙人이 이것을 저술한 것입니다. 드바파라 시대의 선인이 위에서 말씀드린 계문 속에서 현대적인 시대가 오면 현재 인도의 부다가야(Gaya Seersa)라는 곳에 불타가 나타날 것이라고 했습니다. 다시 말해서 불타가 성도하기 수천 년 이전에 벌써 선인들이

---

99 베다(Veda, 신성한 지혜의 글): 인도의 가장 오래된 저술로서 B.C. 2000년 중기 경에 저술된 리그베다를 시작으로 4베다가 존재함. 즉 리그베다(R̥g-Veda, 찬가), 사마베다(Sāma-Veda, 가영), 야쥬르베다(Yajur-Veda, 제사), 아타르바베다(Atharva-Veda, 주문)이다.
100 푸라나(Purāṇa, 옛이야기): 힌두교의 성전으로 베다 문헌과 같이 취급한다. 이것은 인도의 천민계급과 부인들이 즐겨 읽는 하급베다라고 전해진다. 그 내용은 전부 40만 게송으로 되어 18부의 푸라나가 존재하고 있다.

네 번째 논쟁 **197**

부처님 탄생을 예언했음을 알 수 있습니다.

『바가바타푸라나』는 불교 관계의 책이 아니라 선인들의 말들을 기록한 저술입니다. 그러므로 불타의 출현을 예언한 것은 불교도와는 전혀 관계가 없는 타종교의 선인들이었습니다.

그러나 이와 같이 선인들이 예언한 것들 중에서, 이 세상에 여호와라고 하는 창조신이나 예수 그리스도라고 하는 구제자가 존재할 것이라는 것을 예언한 것을 찾아볼 수가 없습니다. 여호와와 그리스도가 존재함을 증명할 수 있는 것은, 육식을 좋아하는 자들이 기록한 것과 같이, 살해한 비둘기, 양, 염소, 가축 등의 수를 기록한 성경뿐인 것입니다.

이와 같이 부패된 성경을 올바른 가르침이라고 유럽의 지식인들은 그 누구도 신용하고 있지 않습니다. 기독교 성경을 철저하게 연구한 서양의 학자들도 선뜻 신앙하려고 하지 않는 기독교를 왜 전통적인 불교국인 우리가 믿어야 합니까? 우리들은 이와 같은 기독교를 결코 신앙할 필요가 없습니다. 그러므로 지금까지 기독교를 신앙했던 여러분들도 지금 당장 기독교를 멀리 던져 버리십시오.

그리고 의학은 우리 인간들에게 하해와 같은 자비심으로써 고대의 선인들이 심혈을 기울여 만든 과학입니다.(여기에서 말하는 의학은 고대 인도에서 전통적으로 전해 오는 아유르베다[101]를 의미한다.)

유명한 의학 서적의 하나인 『바이삿자 칼파Baisajja Kalpa』에 불교의 위대함이 언급되어 있습니다. 이 계문에 의하면,

"핏팔리(Pipphalī, 학명: Piper Longum), 바아사(Vāsā, 학명: Adhatoda vasica), 부루(Bullu, 학명: Myrobalam), 슌티(Śuṇṭhī, 학명: Zingiber Offloinale), 카삼빌리야(Kasambiliya, 학명: Tragia Involucrata)[102] 이 다섯 가지 나무 열매 및 약초를 푹 달여 마시면 기침병과 열병이 치료되는 것은 마치 불교를 실천해서 윤회의 괴로움을 없애는 것과 같다."

라고 말하고 있습니다.

이와 같이 고전적인 의학 관계서의 고문古文에서도 불교의 수승한 점을 인정하고 있으며, 그 외에 자연과학에 관한 고서에서도 불교의 수승한 점을 기록하고 있습니다.

---

101 아유르베다(Āyur-Veda)란 언어학적으로 Ayus(아유스, 생명)와 베다(지식 또는 과학)이라는 단어의 합성어이다.
102 고대 인도 의학서에 기술된 약초 이름들. 이 다섯 가지 약초는 악성 폐병 치료제로 극히 효과적인 것으로서 현재도 인도 및 스리랑카에서 복용하고 있다고 함.

예를 들면, 인도의 천문학은 세계적으로 그 중요성을 인정받고 있습니다. 천재적인 고대의 성현들이 만든 천문학의 일부인 점성학點星學에서도 그러한 점을 증명할 수 있습니다.

점성학에서는 점성도點星圖로써 그 별의 위치를 보고 각 개인의 전생에서의 선악의 행위 여하에 의한 결과로서 현세에 그 사람의 인생을 파악할 수 있는 것입니다.

예컨대 어떤 사람이 만약 점성도에 토성土星이 출생좌出生座에 위치하고 용의 머리(rahu)가 사자좌(siṁha)에 있으면, 이 사람은 전생에 그의 어머니를 살해하고 도둑질을 해서 지옥에 떨어졌다가 다시 인간 세상에 태어난 사람이며, 또 현세에서 죄를 짓고서 내세에 라우라바Raurava라고 하는 지옥으로 가는 운명임을 알 수 있는 것입니다.

이와 같은 증거로서도 (점성학에 의해서) 전생이 존재한다는 것을 증명할 수 있는 것입니다. 그러므로 모든 인간들에게는 전생이 있다고 하는 불교의 교리가 틀리지 않는 올바른 종교임을 확인할 수 있습니다. 반면 전생이 없다고 부정하는 기독교는 참 종교가 아닌 그릇된 종교라고 말씀드릴 수가 있습니다.

다사쿠마라차리타Daśakumāracarita라는 시를 지은 당대의 시성詩聖 단딘Daṇḍin의 저술인 『카비야다르샤Kāvyādarśa』[103]에 의할 것 같으면, 불타의 말씀은 오직 진리뿐이며, 추호의 거짓도 존재하지 않는다고 불교를 찬탄하고 있습니다.

예를 들면 "제행무상이라고 불타가 말한 것은 거짓이 아닌 분명한 진리이다"라고 하며, 이것을 주석해서 "이 세상의 모든 것은 순간적으로 멸하고 생한다는 진리는 불타의 가르침이다"라고 불교의 참 진리성을 찬탄 기록하고 있습니다.

이와 같이 불교가 그 어느 종교보다도 수승한 종교임을 불교 경전뿐만 아니라 타 문헌에서도 얼마든지 증명해 보일 수가 있는 것입니다. 그러므로 불교는 그 어느 종교보다도 월등히 수승한 진정한 종교임은 의심할 여지가 없는 것입니다.

이상과 같이 지금까지 제가 말씀드린 것으로서 불교와 기독교를 이해하시는 데는 충분한 자료와 논증이 되었다고 생각하는 바이며, 여러분들이 지금 당장 기독교를 버리고 진정한 진리의 종교인 불교를 신앙하시고 실천수행하시리라 믿어 의심치 않는 바입니다.

그리고 이 목사님께서는 불교의 수미산설에 관해서, 세계를 항해하는 항해자가 수미산과 같은 거대한 산을 본 적이 없기 때문에 수미산이 이 지구상에 존재하지 않는다고 말했습니다.

이 목사께서 말씀하듯이 우리들 인간의 육안으로 보지 못한

---

103 학술적인 저술로서 시평 방법을 기록한 대저.

것은 일체가 존재하지 않는다면, 이 세상에서 그 누구도 본 적이 없는 기독교 성서에 등장하는 "금단의 나무"도 존재하지 않는다는 결론이 됩니다.

자신의 생명을 걸고서 세계를 여행하는 탐험자들이 "금단의 나무"가 생식하고 있는 곳을 발견했다고 한 일은 문헌에서도 소문에서도 들은 적이 없습니다. 만약에 이러한 문헌이나 새 소식이 있다면 그 증거를 제시해 주시기 바랍니다.

이와 같은 것으로 미루어 보아서 수미산이 존재치 않는다는 것을 주장하며 그것을 증명하기 위한 그의 논리는 성립되지 않았음이 명백한 사실이 되었습니다.

그리고 이 앞에서 저는 아트만(ātman, 영혼)과 푸라마(prāṇa, 생명) 등의 단어를 사용했습니다만, 그것은 특별히 어려운 의미로 말한 것이 아니고 우리들 일상생활 중에서 극히 일반적으로 사용했음을 이해해 주시길 바랍니다.

인간으로서 올바른 것을 발견하면 그것을 인정하는 것이 양식이 있는 사람들의 상식적인 행동입니다. 그러므로 여러분들께서는 참된 종교인 불교를 신앙하시어 윤회의 괴로움으로부터 멀리 떠나 열반(nirvāṇa, 일체의 속박에서 벗어난 경지)이라고 하는 안락한 세계에서 생활하도록 노력 정진하여 주시기를 바라는 마음 그지없는 바입니다.

모호티왓테 구나난다 스님의 대론이 끝나자 1만여 명의 불교, 기독교 신자들이 일제히 사두, 사두(Sādhu, Sādhu)[104]라고 소리 높여서 제창했다. 어느 기독교인들은 이와 같은 행동에 불쾌감을 금치 못했다. 그러나 불교인들, 기독교인들 그 어느 쪽에서도 소동과 난동은 전혀 발생하지 않았고 평온했다. 모호티왓테 구나난다 스님과 목사님이 청중들에게 '정숙해 주십시오'라고 하자 군중들은 완전히 조용해졌다. 그때 불교 신자들은 대단한 기쁨에 차서 집회에서 해산했고 기독교 신자들은 불만이 끓어올라 울분을 참지 못하는 듯한 기분으로 집회장을 떠났다.

---

104 상대방의 말에 감동과 찬의를 나타내는 용어로서 기독교의 아멘과 같은 뜻이며, 지금도 스리랑카에서는 종교에 관계없이 사용하고 있는 용어.

5대 논쟁지에 대한 현지답사 보고서

필자는 1997년 7월부터 8월 말까지 약 2개월간 스리랑카 최후의 왕도였던 켄디에 있는 국립 페라데니야대학에, 일본 동경에 있는 재단법인 동방연구회의 해외 파견 연구원이자 페라데니야 대학 객원 연구원 자격으로 연구를 할 수 있는 기회를 얻을 수 있게 되었다. 연구 기간 중에 전 세기에 행해졌던, 자신의 아이덴티티를 불교에서 찾았던 싱할라인들이 전기의 논쟁을 통해서 격돌했던 다섯 군데의 논쟁지를 찾아 오늘날의 논쟁지에서 그들의 종교 사상의 현황을 확인하기로 했다.

5대 논쟁지에 대한 답사 보고에 앞서 스리랑카 불교에 대한 개관을 통해 본고의 이해를 돕고자 한다.

스리랑카는 인도양 최남단인 북위北緯 6도에서 10도 사이를 남과 북으로 길게 위치해 있으며, 국토 면적이 6만6천km²인 아름다운 섬나라이다. 지금 현재 총 인구는 약 1,935만(2000년도 현재)이다. 수도는 그 예전에는 콜롬보였으나 1985년도부터 콜롬보의 인접지인 스리이 자야와르다나 푸라 콧테로 옮겨져 오늘에 이르고 있다. 그러나 실질적으로는 지금도 역시 콜롬보 시가 정치·경제·행정의 중심 지역으로 이 나라 최대의 도시이다. 공용어公用語로서는 싱할라어와 함께 주요 언어로서 영어, 타밀어 등을 사용하는 다민족 국가이다. 정치 체제는 사회민주주의 공화국이다.

고대 인도에서는 인간이 아닌, 즉 공중을 비행하면서 인간을 잡아먹는다고 하는 남녀 귀신인 나찰羅刹이나 야차夜叉가 살고 있는 섬으로 알려지고 있다. 즉, 인도의 유명한 서사시敍事詩인 「라아마아야나」는 영웅인 라아마가 이 섬에 살고 있는 나찰왕인 라아바나를 죽이고 그의 애처愛妻인 지이타아를 구출하는 스토리이며, 또 불교 설화에서는 이 섬에 표착한 상인들을 유혹해 잡아먹는 야차녀夜叉女의 이야기가 설해지고 있다.

이 나라에 불교가 처음으로 전해진 것은 B.C. 3세기 중반으로, 데에바난피야 팃사(Devānampiya Tissa B.C. 250~210) 치하 시대에 인도의 아쇼카 왕(B.C. 268~232)의 명을 받고 왕자 마힌다 Mahinda가 그 일행 7명과 함께 스리랑카에 도착해, 새로운 종교인 불교를 전한 것이 그 시작이었다. 그때 마힌다 왕자는 32세였다. 스리랑카의 역사를 기록한 사서史書에서는 마힌다 왕자를 '섬의 등명자(燈明者, dīpajotaka)'라고 부르고 있다. 그리고 역시

아쇼카 왕의 명을 받아 그의 딸이며 비구니였던 상가밋타 Saṅghamittā가 인도 부다가야Buddha gayā의 보리수 남향 나무 가지를 가지고 스리랑카에 도착하였다. 이 상가밋타가 스리랑카 최초의 비구니였다. 이 보리수는 지금 현재도 스리랑카 북부 지방인 아누라아다푸라Anurādhapura라는 도시에 있는 스리 마하 보디 사원(Sri Mhā Bodhi Tree Vihāra)에 그 맥락을 전하고 있으며, 이 사원은 국가적인 보호 하에서 불교도들의 최고의 성지聖地로서 숭상되고 있다.

이 보리수는 19세기 초두에 야생의 코끼리와 다른 야생 동물들로부터 보호하기 위해서 주위에 돌 축대와 철책을 만들었다. 그러나 지금 현재는 인간들로부터 보호하기 위해서 인간 사슬(경찰과 군인)을 배치하지 않으면 안 된다. 즉, 민족 분쟁이 격심해지고 있는 오늘날 적대시하고 있는 상대측은, 이 보리수를 폭파 근절시킴은 싱할라 불교도의 혼백을 말살시키는 것이며, 자신들의 진정한 승리에 유도시킬 수 있는 가장 보람된 길이라고 절규하며 목적 달성을 위해서는 어떤 수단과 방법도 가리지 않을 것을 당당하게 공언公言하고 있다. 그러므로 스리랑카 정부의 위신을 걸고 이 사원의 주위는 2중 3중의 경비에 여념이 없다. 이와 같은 현상을 목도한 불교도의 한 사람으로서 참으로 유감스럽고 슬픈 마음과, 동시에 진정한 의미에서의 평화가 돌아올 것을 기원하지 않을 수가 없었다.

그런데 이와 같은 분쟁적인 모습은 단지 오늘날 시작된 것은 아니다. 이 나라의 역사를 보면 항상 종교 사상이나 이데올로기를 감싸고 투쟁이 계속되었다.

예컨대 1505년 포르투갈인의 침입으로 인해 불교와 힌두교는 심한 박해를 받고 대신에 가톨릭교가 전도되었다.

포르투갈 시대가 끝난 뒤 홀란드(Holland; 네덜란드) 시대(1658~1796)에는 평화를 염원해 전쟁은 하지 않았으나 프로테스탄트(신교)의 보급에 전력을 다했다. 즉, 기독교도의 세례와 결혼을 등록하는 학교 대장臺帳까지 비치시켰다. 그리고 학교 교육에 있어서도 종래의 불교 사상에 의한 의식을 철저하게 기독교화 시켰다. 또한 불교나 힌두교 사원의 땅들은 몰수시켜 기독교 교회 토지로 전용시켜 버렸다. 뿐만 아니라 버거Burgher라고 불리는 홀란드인늘의 혼혈아는 특별한 계급을 만들어 그 세력을 확산하게 되었다.

이로써 장구한 역사를 지닌 스리랑카의 불교 사상은 완전히 그 기능을 상실케 됐다. 즉, 스리랑카에는 구족계(비구계)를 받은 비구승이 완전히 그 모습을 감추고 말았다.

이에 스리랑카의 중앙 지역에 위치하고 있는 켄디를 중심으로 번영한 왕조의 비말라담마수리야 2세(Vimaladhammasuriya II,

1687~1707)는 미얀마에서 33명의 고승高僧을 초대해 침체해버린 불교를 부흥시키려고 힘을 기울였다. 또 시리비자 라아자시이하(Sirivijayarājasīha, 1739~1747) 왕은 미얀마와 샴(현재의 태국)으로부터 계를 수여할 수 있는 비구들을 맞이하려고 노력했으나 태풍과 국왕의 죽음으로 인해서 목적을 달성하지 못했다. 다음 왕위를 계승한 킷티시리 라아자시이하(Kittisirirājasīha, 1747~1781) 왕은 1750년 샴(태국)의 아유타야Ayutthaya에 사절단을 보냈고, 1753년에 태국의 담미카Dhammika 왕은 우파알리Upāli 장로 등 13명의 비구와 7명의 사미와 당시 스리랑카에 없었던 황금 불상을 보냈다. 이에 국왕은 정중히 영접해, 당시의 수도인 켄디에 입국시켰다. 이것은 마치 동진東晉의 승려 마라난타를 백제에 영접해 불교를 전하게 한 것과 같으며, 백제의 성왕聖王이 불상과 불교 성전을 일본에 보내 일본 불교의 기초를 다져준 것들을 연상케 한다. 혹은 일본 나라조奈良朝에 중국의 율사律師 감진화상(鑑眞和上, 689~763)을 당나라로부터 맞이해 일본 율종의 개조開祖가 된 것 등을 생각하게 하는 역사적인 일이라 하겠다.

이와 같은 역사적 경위에 의해서 스리랑카 불교의 3대종파의 하나인 샴 파(Siyam Nikāya)가 발생하게 되었다. 이어 55년 후인 1808년에 재가 신자가 미얀마로 가 수계 득도한 후 전래된 아마라푸라 파(Amarapura Nikāya)와, 그리고 56년 뒤인 1864년에 같은 미얀마, 즉 라아만냐에 가서 구족계를 받고 돌아와 그 전통을 전하고 있는 라아만냐 파(Ramañña Nikāya) 등이 연이어 창생創生하여 오늘날에 이르고 있다. 특히 이 3종파는 지금 현재도 스리랑카 불교의 중핵을 이루고 있는데, 제일 먼저 창종한 샴 파가 태국에서 율사를 맞이해 그 법맥을 받고 있음에 대해 뒤의 2개 종파는 똑같이 미얀마로부터 그 법맥을 받고 있음이 큰 특징이라고 할 수 있다.

1993년 8월, 스리랑카 불교문화센터의 통계에 따르면 이들 3파에 속하는 사원 수는 7,727개이며, 사미승을 포함한 승려 수는 27,820명이라 발표되고 있다. 이 3종파를 통솔하는 유일한 기관은 없으며, 또 라아만냐 파 이외에 다른 2종파는 여러 분파로 갈라져 있다. 이 3종파 중 가장 큰 종단은 샴 파인데, 이 중에도 말왓타Malwatta, 아시기리야Asgiriya, 콧테Koṭṭe, 켈라니야Kelaniya 등 네 개의 분파가 있으며, 이에 또 6분파가 파생되어 있다. 또 아마라푸라 파는 26개의 분파로 나누어져 있으며, 서로 통일성도 찾아볼 수가 없을 정도로 복잡한 분파 현상을 보이고 있다.

이런 사원 이외에도 아알란냐Arañña, 즉 삼림도량森林道場이 약 182개소가 있다. 이들 삼림도량은 문자 그대로 세속 세계와는 멀리 떨어진 삼림 속에 위치하고 있으며, 그곳에서는 약 1,000명의 수행승들이 마을 사원의 승려들과는 달리 공양을 받는 이외에는 일체 외부 사람들과 면회를 사절하고, 오직 수행만의 생활에 전념하고 있다. 필자의 조사에 의하면 이들 수행승들은 특히 스리랑카의 엘리트층으로부터 상당한 신뢰를 받고 있다. 즉 "그 스님들이 무엇 하나 깨침을 얻지 못한다 해도 그 존재 자체가 마치 태양 빛과 같다"라고 엘리트들이 입을 모아 말하고 있는 것으로도 충분히 이해할 수 있다.

오늘날의 스리랑카의 종교 현황은 불교 69.3%, 힌두교 15.5%, 이슬람교 7.6%, 기독교 7.5%, 기타 0.1%라고 보고되고 있다.

앞서의 역저자 해설에서 본 바와 같이, 스리랑카는 많은 외압으로 인한 고난의 역사를 지니고 있으면서도 오늘날 불교국가로서의 전통을 지키고 있다. 그리고 그런 계기를 준 것이 바로 불교와 기독교 간의 5대 논쟁이다.

필자는 먼저, 128년 전 1만 명이라는 대 군중 앞에서 불교와 기독교의 치열한 교리 논쟁이 행해져 이 나라의 정신 사상사에 크나큰 한 획을 남긴 파아나두라Pānadurā로 향했다. 스리랑카 제1의 대도시인 콜롬보로부터 약 15마일 떨어진 곳으로서 자동

차로 1시간 정도가 걸렸다.

그러나 이 논쟁지에서 128년 전의 군중의 열기는 전혀 느낄 수 없었다. 논쟁을 벌였던 장소는 해변으로, 거기에는 염소나 닭들이 놀고 있었고, 잡다한 쓰레기들이 산재되어 있었으며, 단지 검은색 함석 간판에 흰 글씨로 "1873년 8월 26일과 28일 양일 간의 불교와 기독교의 논쟁지"라는 기록만 남아 있을 뿐이었다. 그러나 그곳으로부터 약 200m 떨어진 번화가에 이 논쟁을 기념해 랑콧트 비하라Rancot Vihāra라는 훌륭한 대사원이 건립되어 있었다. 그 사원 정면 오른쪽으로 약 100m 떨어진 곳에 국도를 끼고 삼각지로 된 공지의 작은 잔디밭에 당시 불교 측 대론자였던 구나난다 스님의 몸 크기의 동상이 건립되어 있었다. 주위가 산만했지만 그래도 정비가 되어 있었다.

랑콧트 사원에 안내되어 주지 스님인 수가타라타나(K. Sugataratana) 스님과 약 2시간에 걸쳐 논쟁에 관한 이야기, 현대 스리랑카 불교 현황과 교리적인 인터뷰를 했다. 그는 전통적인 불교 대학으로 유명한 콜롬보 교외에 위치한 켈라니야대학의 산스크리트어 교수직에 재임 중이기도 한 학자 스님이었다. 겉보기에도 인텔리 풍의 스님이었다.

그런데 그에게서 스리랑카 불교의 현상과 미래에 대해서 진지하게 고민하는 모습은 조금도 엿볼 수가 없었다. 만약 다시금 식민지 하와 같은 종교 사정이 도래한다면 구나난다 스님처럼 당당하게 대응할 것인가라는 필자의 질문에 그는 "그때가 되면 누군가가 나올 것이다", 그러면 "어떤 대책이 있는가?"라는 물음에 대해서도 구체적인 대답은 얻을 수가 없었다. 그 어떤 걱정도 들을 수 없었다.

오랜 동안 불교국가로서 군림한 안일함이어서인지 파아나두라 논쟁지의 주지 스님으로서는 생각할 수 없을 정도로 문제의식이 희박함을 느꼈다. 그러나 필자가 스리랑카에 도착 후 현지답사 조사한 것에 의하면 오늘날의 스리랑카의 불교는 결코 안정되어 있다고는 생각되지 않는다. 오히려 '이대로 좋을까?'라는 걱정이 지워지질 않았다. 그것을 입증이라도 하듯이, 파아나두라 논쟁지에는 불교 사원이 다른 곳보다 밀집해 있는 것 같았지만 한편으로 이에 질세라 기독교 교회도 다른 지역에 비해 눈에 띌 정도로 위치해 있었다. 그리고 불교와 기독교 양측의 포교나 선교의 열띤 풍경을 볼 수가 있었다.

파아나두라를 뒤로 하고 남부 항구 도시 골Galle로 향했다. 인도양 해안가를 질주하는 여로였다. 이들 일련의 논쟁의 영향으로 인해 헨리 스틸 올코트Henry Stell Olcott 육군 대령이 서양인으로서는 최초로 5계戒를 받고 불교도가 된, 스리랑카의 현대 불교 부흥 운동의 발상지라고 할 수 있는 사원이 그 목적지였다.

콜롬보에서 승용차로 약 4시간 걸리는 거리인데 도중에는 해안의 공지 이곳저곳에 공동묘지가 많이 산재해 있었다. 그리고 적지 않은 수의 훌륭한 건물을 지닌 교회도 있어 약 130년 전이 다시 도래하지는 않는다 해도 적어도 필자가 보고 들은 것에 의하면 결코 이 나라의 불교가 지금까지와 같이 계속 번영해 나가리라고는 생각되지 않았다. 제반의 착잡한 심정이 뇌리를 어지럽게 하는 동안 목적지인 골에 도착했다. 그러나 그 사원을 방문하기에는 너무 늦은 시간이어서 해안에 인접해 있는 호텔에 여장을 풀고 다음날 오전 중에 방문하기로 했다.

7월 27일 일요일 오전, 올코트 대령과 메덤 헬레나 블라바츠키(Madame Helena P. Blavatsky)가 5계를 받은 위자야난다 마하 위하라: 라아만냐 마하아 니카야(Wija-yananda Mahā Vihara: Ramañña Mahā Nikāya)를 방문하여 오전 9시 45분부터 주지 냐아나위숫디 마하아 테에로(B. Gnanavisuddhi Mahā Thero) 스님과 약 2시간에 걸친 인터뷰를 했다. 대단히 자비에 충만하신 스님이라는 느낌을 주시는 분으로서, 불교 교육학이 전문으로 역시 켈라니야대학에서 교편을 잡고 계시는 학자 스님이시다.

인터뷰가 끝난 후 이 사원 벽에 기록되어 있는 올코트 대령의 직필을 확인하려 했으나 새로 단장된 사원의 벽에는 그 모습을 찾아볼 수가 없었다. 그 이유를 물은 즉, 사원 대수리 때 기록되어 있던 벽 부분을 오려내 어느 곳엔가 보관했을 것이라 했다. 주지 스님이 열심히 그 보관 장소에 들어가 찾았으나 결국은 찾아내질 못했다. 그들 스리랑카 스님들로서는 벽에 기록된 글이란 그렇게 대단한 가치가 있는 것으로 생각하지 않을지 모른다. 이것은 지금 현재가 중요한 것이지 지나간 역사 속의 한 줄거리는 현실에 그렇게 중요한 것이 아니라는 현실주의적인 인상마저도 들게 해준다. 어찌됐던 확인하고 싶었던, 올코트 대령이 직접 기록한 유명한 서체의 실물을 확인할 수가 없어 섭섭함을 금할 길이 없었다. 그러나 주지 스님께서는 대단히 자상하시고 친절하게 오랜 시간의 인터뷰 가운데 많은 자료를 제공해 주셨다.

이 사원은 대단히 훌륭한 건물로 이루어져 있었고 많은 학승들이 거주하고 있었다. 방문한 날이 마침 일요일이어서 올코트 대령의 동상이 있는 대강당에서 중·고·대학생 그리고 일반인들 약 300여 명이 스님의 지도에 따라 학습을 하고 있었다. 주지 스님의 안내로 강당 안에 들어서니 장내의 모든 사람이 기립해 인사를 했다. 필자도 아유보앙(Ayubovan, 안녕하세요)이라고 인사를 했더니 전체가 합창으로 건강한 목소리로 아유보앙이라고 대답했다.

❖ 스리랑카에서 미국인 최초로 불교도가 된 올코트 대령이 오계를 받은 위자야난다 사원 설법전.
일요학교를 열어 불교공부를 하고 있는 도중 필자가 방문하여 인사하고 있다.

이 사원에서는 올코트 대령에 의해서 불교 부흥 운동의 발상지가 된 것을 대단한 긍지와 자랑으로 생각하며, 많은 기념행사도 실행되고 있었다. 이곳 주지 스님은 앞에서 방문했던 파아나두라 논쟁지 사원의 주지 스님과는 달리 오늘날의 스리랑카 불교 현상은 결코 안일하게만 생각할 수는 없다고 역설했다. 앞에서 방문한 파아나두라 논쟁을 기념해서 창건했다고 하는 랑콧트 사원에서는 그 어느 기념행사도 실시치 않고 있음에 필자는 의아하게 생각했었다. 이에 대해 이곳에서는 올코트 대령의 불교 부흥 운동의 봉화를 끊기지 않게 하기 위해서 많은 노력을 아끼지 않음을 느낄 수가 있었다.

8월 2일 토요일 오전 9시, 연구처인 페라데니야대학의 조교수이며 비구 승려이기도 한 냐아난다(M. Gnanananda) 스님과 함께 4번째 논쟁지였던 감폴라Gampola로 향했다. 세계적으로 유명한 불치사佛齒寺가 있는 켄디에서 약 16km 떨어진 곳으로서 버스로 40분 정도의 거리였다.

이 감폴라는 스리랑카의 7개 고도古都 중의 한 왕국으로서 1341~1374년 사이에 번영했던 곳이다.

오전 9시 45분경 감폴라에 도착해 먼저 논쟁지를 찾았으나 알 길이 없어, 동행한 스님의 안내로 그 장소를 알 만한 불교 사원을 방문해 주지 스님들과 면담하는 등의 방법으로 찾기로 했다. 삼륜차 택시로 버스 종점에서 약 10분 정도 떨어진 사원에 도착해 82세 된 노 주지 스님과 약 1시간 30분에 걸쳐서 인터뷰를 했다. 주지 스님께서는 대단히 친절하게 제반 상황에 관해서 설명해 주셨다. 5대 논쟁을 포함해 특히 감폴라 논쟁에 대단한 관심을 보이셨다. 그리고 감폴라 논쟁에 관한 중요한 자료도 빌려 주셨다. 대단히 오래된 고서古書로서 지금은 대학 도서관에서도 볼 수 없는 책이라고 한다.

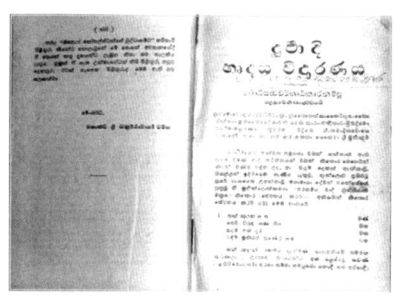

❖ 4번째 논쟁인 감폴라 논쟁을 기록한 문헌.

그러나 이곳에서도 감폴라 논쟁과 관계가 있었던 사원은 알수가 없었다. 하는 수 없이 다른 사원을 방문했으나 그곳의 주지 스님은 감폴라 논쟁에 대해서 전혀 알지 못하고 있을 뿐만 아니라 그렇게 관심도 없었다. 그곳을 나와 또 다른 사원을 방문하는 방법으로, 35도가 넘는 작렬하는 태양 밑에서 찾아 헤매기를 약 2시간 끝에 관계가 있었던 사원에 도착했다. 그 사원의 키린데 시이라라타나(Ven. Kirinde Seelarathana) 주지 스님과 인터뷰를 했다. 그러나 63세인 주지 스님은 감폴라 논쟁에 대해서는 전혀 알고 있지 않았다. 또한 흥미도 없었던 것 같았다. 다만 논쟁지에는 지금도 당시의 건물이 있다는 정보를 입수했다. 택시로 10분 정도 떨어진 곳이었다. 그 감폴라 논쟁지였던 장소는 현재 마을 회관으로 사용하고 있었다. 견고하게 잠겨 있었으므로 내부의 모습은 볼 수가 없었다.

❀ 감폴라. 현재는 마을 회관으로 사용.

그리고 그 주위에는 이슬람교도들이 살고 있었다.

감폴라 논쟁지였던 현장 마을 주민은 약 70%가 이슬람교도, 17%가 기독교인, 13%가 불교도라고 한다. 그래서인지 우리들을 맞이하는 태도와 시선은 체감으로 느낄 정도로 차가웠다. 이 종교 분포를 입증해 주는 것과 같이 훌륭한 이슬람의 모스크가 마을 곳곳에 건립되어 있어 이곳이 불교국가 스리랑카라고는 도저히 상상도 할 수 없는 풍경이었다. 이 같은 현상임에도 불구하고 각 불교 사원에서는 전혀 그 대책도 없을 뿐만 아니라 관심조차도 없음에는 놀람을 금할 길이 없었다. 앞에서 방문했던 82세의 노 주지 스님은 불교의 위기감을 갖고 역설했으나 그 밖의 다른 사원들의 주지 스님들은 전혀 태만한 태도로 태평한 모습이었다. 전 세기에 "불교인가 기독교인가"를 놓고 격돌했던 장소와는 거리가 먼 감폴라였다. 이에 스리랑카의 오늘날의 종교 사정을 다시 한 번 생각하지 않으면 안 될 현실을 직면하게 되었다.

8월 12일 화요일 오후 3시 반경 대학에서 점심 식사 후 감폴라 지역을 함께 했던 냐나난다 스님과 함께 페라데니야Peradeniya 역을 출발하여 3번째의 논쟁지인 우단위타Udanvita로 향했다. 스리랑카에 도착 후 처음 열차 여행이었으며, 스리랑카의 또 하나의 다른 세계를 보는 듯했다. 열차가 지나는 곳곳이 마음의 안정을 주는 녹색의 윤택한 밀림으로 싸여 있어 이 나라를 '보물섬'이라고 말하는 까닭을 알 수 있었다.

약 1시간의 열차 여행 끝에 도착한 람북카나Rambukkana 역에서 역시 삼륜차 택시에 몸을 싣고 약 30분 걸쳐서 도착한 곳이 우단위타 마을이었다. 당시의 논쟁지에는 푸라나 위하아라야 Purana Vihāraya라는 일반적으로 볼 수 있는 불교 사원이 건립되어 있었으며, 비교적 젊은 세웬다나 구나라타나(Ven. Sevendana Gunarathana) 스님이 주지로서 재직하고 있었다. 절 정문을 들어서 바로 오른쪽에 대단히 오래된 건물이 있었다. 주지 스님은 이 건물이 약 130년 전에 저 구나난다 스님이 논쟁을 벌였던 곳이라고 했다. 금방이라도 무너져 내릴 듯한 건물로서, 전혀 손을 보지 않은 채 방치해 둔 상태였으며, 그 주위는 잡초로 뒤덮여 있었다. 그래도 그 건물 속에 들어가 1평 남짓한 지붕이 달린 닷집을 안내해 주었다. 그 안에서 구나난다 스님께서 설법을 했으며 또한 논쟁도 했다는 것이다. 필자도 130년 전의 구나난다 스님이 서 있었던 장소에 서서 그 당시의 스님의 심경을 체감으로 느끼면서 멋대로의 추상을 해 보았다.

❀ 3번째 논쟁지 우단위타.
불교 측 대표 구나난다 스님이 실제로 설법한 곳이다.

구나난다 스님과 그 사원에 대한 역사를 잘 안다는 대학 강사라고 하는 재가 신자가 약 1시간 반 정도 인터뷰에 응해 주었다. 절 근처에는 불교 신자들이 많지만, 그곳에서 조금 떨어진 마을 전체는 기독교 신자라고 한다. 그는 우단위타 마을이 그 일부를 제외하고는 거의 기독교화 되고 있음을 개탄했다.

이 사원에서는 우단위타 논쟁의 의의와 구나난다 스님을 추모하는 기념사업을 시작했다고 한다. 필자도 적으나마 약간의 보시를 하고, 구나난다 스님의 논쟁 의의와 정신을 살려 불교 포교에 전념해 주실 것을 기원하면서 그 사원을 떠났다.

람북카나 역에서 페라데니야행 열차가 3시간 후에 있었으므로 역에서 기다릴 수밖에 없었다. 페라데니야 역에 도착했을 때는 이미 밤 11시가 지난 뒤였다. 대학 기숙사에서 자고 다음날 새벽 5시에 출발하는 첫 열차로 두 번째 논쟁지인 와라고오다로 출발하기로 하였다. 그러나 그 장소가 확실치 않아 콜롬보 근교의 켈라니야라는 마을이라는 것밖에 알 수 없었다. 동행하는 냐아난다 스님의 힘을 빌리지 않으면 그곳을 찾는다는 것이 혼자의 힘으로는 불가능에 가깝다. 동이 트는 것이 기다려진다.

8월 13일 수요일 새벽 5시 페라데니야 역을 출발하는 콜롬보행 열차에 몸을 실었다. 오전 10시 정각에 콜롬보 역에 도착했다. 예전부터 알고 지내던 담마파아라Dhammapāla 박사와, 논쟁과 중요한 관계를 가지고 있는 콜롬보 역 앞에 서 있는 올코트 대령 동상 앞에서 합류해 박사의 승용차로 제2의 논쟁지인 와라고오다Varagoda로 향했다. 콜롬보 근교인 켈라니야Kelaniya시에 있다는 와라고오다를 찾기 위해서 담마파아라 박사의 안내로 몇 군데의 불교 사원을 방문한 끝에, 오후 2시가 가까운 시간에 논쟁지였던 그 장소를 찾을 수가 있었다.

절 이름은 그대로 와라고오다 사원(Varagoda Vihāra)이었다. 이곳에 체재하는 승려도 논쟁에 관해서는 잘 모르고 있었다. 다만 그 사원 전방 약 60m 떨어진 곳에 논쟁지가 있었다. 그곳에는 2층 건물이 있었으며, 안내인은 예전의 건물이라고 했으나 필자가 보기에는 새로운 건물로 보였다.

❧ 2번째의 논쟁지 와라고오다.

여하튼간에 논쟁지임에는 틀림없는 것 같다. 논쟁 당시는 가톨릭의 신부가 자신의 숙소로서 사용했다고 한다. 지금 현재의 집주인은 불교도라고 한다. 유감스럽게도 집주인이 외출 중이었으므로 실내를 볼 수는 없었다. 그리고 이 사원의 신도이며 마을의 유지인 95세인 노장님을 소개받아 논쟁에 관한 사소한 정보라도 얻으려고 했다. 그 노장님은 대단히 건강하신 분이었다. 그 예전부터 이 지방에서는 유명한 유복한 가정 출신이라 한다. 야자수가 집 주위에 넓게 차지한 가운데에 위치해 마치 서양 선진국의 부호가 살고 있는 것과 같은 대저택이었다. 반갑게 우리 일행을 맞이해 주어 약 1시간 정도 제반에 걸친 이야기를 해 주셨다. 내용적으로는 그렇게 새로운 이야기는 아니었다. 그러나 반갑게 맞이해 준 그 마음이 고마웠다.

조금 더 만족스런 정보를 얻기 위해서 같은 켈라니야 시에 있는 유서 깊은 파라마르타 다르마카라 사원(Paramartha Dharmakara Vihāra)을 방문했다. 79세의 와라레카 냐나난다Warareka Gnanananda 주지 스님과 약 1시간 정도 인터뷰를 했다. 이 스님은 논쟁에 관해서는 대단한 관심이 있으나 스리랑카 종교의 현 상태에 관해서는 생각해 본 적이 없다고 한다.

또 다른 자료를 얻기 위해서 같은 켈라니아에 있는 파알리대학을 방문했다. 이 대학은 남방 불교 성전어로서 유명한 파알리어를 전문적으로 수학시키는 파알리어 전문대학이다. 이 대학 교수인 비구 장로 스님과 인터뷰를 했으나 색다른 정보를 얻을 수는 없었다.

모처럼 5대 논쟁지 탐방에 나섰으므로 대논쟁의 총 결산이라고 할 수 있는 파아나두라 논쟁의 일본어 번역본인 『기독교인가 불교인가-역사의 증언』을 스리랑카 국립 도서관에 기증했다. 도서관장은 대단히 기뻐하며, "이 논쟁은 스리랑카의 아이덴티티에 관계되는 대단히 중요한 것으로서 스리랑카가 국가로서 존재하는 한 잊어서는 안 될 것이다"라고 역설했다. 한국어 번역본이 나오면 꼭 보내 주기를 바란다고 덧붙였다. 그리고 도서관장 자신이 만들어 준 향기로운 밀크 티를 마신 뒤에 국립도서관을 떠났다.

담마파아라 박사의 안내로 스리랑카 국립 병원을 방문할 수가 있었다. 이 병원은 물론 스리랑카 제1의 병원이며, 콜롬보시 중심지에 위치해 있다. 병원에 출입하기 위해서는 엄한 검문을 받지 않으면 안 된다. 여기에서도 스리랑카가 직면하고 있는 심한 민족 분쟁을 체감할 수 있었다. 이 가운데에서 승려들은 일반인들과 구분되어 특별한 조치를 받았다. 이러한 모습 또한 스리랑카가 처해 있는 입장을 알 수 있는 현실의 한 예일 수 있을 것이다.

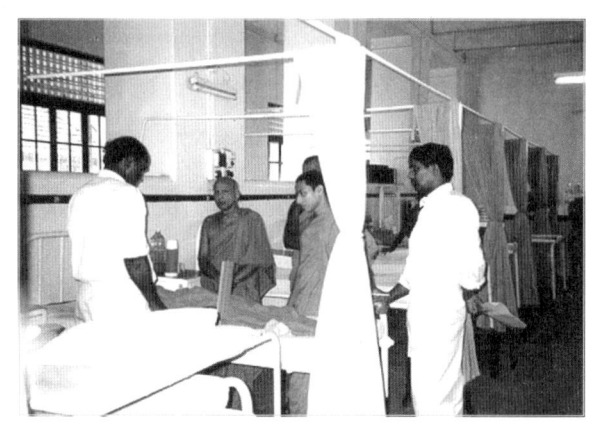
❀ 스리랑카 국립 콜롬보 병원의 승려 전용 병동.

병원에는 일반인들을 입원시킬 수 있는 일반 병동이 있으며, 이와는 별도로 승려만을 위한 승려 병동이 준비되어 있었다. 이 승려 병동에는 상시 2명의 전문 의사와 5명의 간호사가 24시간 치료에 임하고 있었다. 약 30개의 환자 침대가 비치되어 있으며, 장기간에 걸친 입원 승려의 병실은 또 별실이 준비되어 있었다. 병동 앞 정원에는 법당이 설치되어 있었으며, 물론 이곳에서 아침 예불 등이 실시되고 있었다. 입원해 있는 몇 명의 승려들을 위문했다. 그중에서도 필자가 병실에 도착했을 당시 구급차로 후송된 80세 되는 노스님은 필자의 위문을 기뻐해 주셨다. 이곳에서는 일체의 치료비나 입원비는 물론 무료다. 필자의 기억으로는 우리 한국 또는 일본이나 미국의 어느 국립 병원에서 이와 같은 시설과 대우에 접한 일이 없었다. 부러운 감마저 들 정도였다.

8월 14일 목요일 담마파아라 박사와 냐아난다 스님의 안내로 오전 7시, 5대 논쟁의 제일 첫 번째 현지인 밧데가마Baddegama라는 마을로 향했다. 콜롬보시에서 남쪽으로 길게 뻗어 있는, 인도양의 해안에 접해 있는 국도를 승용차로 약 4시간 정도 질주한 곳에 위치해 있었다. 그러나 그곳에서도 논쟁지였던 장소를 지정해 주는 지도나 다른 자료는 없었으므로 담마파아라 박사의 조력으로 물어물어 겨우 논쟁 현지에 도착할 수가 있었다. 도착한 시간은 12시 정각이었다.

이곳은 1865년 소위 5대 논쟁이라 불리는 불교와 기독교간의 논쟁의 최초의 논쟁지로서, 불교 측의 대론자 구나난다 스님이 그 역사를 개벽한 곳이므로 그 의의는 대단히 깊은 곳이다.

그곳은 조그마한 산 정상에 위치해 있었으며, 밧데가마 논쟁 당시의 건물은 없었다. 그러나 웨리잇티야 수마나Weliwitiye Sumana라는 비구 스님이 거주하며, 구마난다 스님의 뜻을 계승해 이 지역의 젊은이들 교육에 전념하는 현장으로, 유치원과 기술 정보 전문대학을 운영하고 있었다. 교육비는 정부의 지원으로 일체가 무료로 실시되고 있었고 학생 수는 약 500명 정도였다. 수마나 스님은 이 학원의 학장직도 겸하고 있었다.

❖ 5대 논쟁 중 첫 번째 논쟁지였던 밧데가마.

　이곳에서도 지금까지의 인터뷰 형식으로 약 2시간에 걸친 대화를 나누었다. 수마나 스님의 열성적인 인터뷰는 마치 구나난다 스님을 대신하는 듯한 기분이었다. 불교도의 한 사람으로서 뜨거운 그 무엇인가를 느끼게 함과 동시에 일종의 안도감까지도 가질 수 있을 정도였다. 지금까지의 다른 논쟁지에 관련된 스님들에게서는 느낄 수가 없었던 열의와 정열을 느낄 수가 있어 불교도의 한 사람으로서 무심으로 감사의 뜻을 표하고 하직을 고할 때, 스님의 활동에 성공을 기원하지 않고는 안 될 심정이 되었다. 이러한 스님의 활동의 영향인지는 모르겠으나 이 지역은 거의가 불교 신자들이라 하며, 이곳과는 상당히 떨어진 곳에 2개의 교회가 있을 따름이었다.

이렇게 해서 5대 논쟁지에 대한 답사가 끝이 났다. 5대 논쟁지의 종교 현황은 각 지역에 따라 그 사정이 틀린 것을 알 수 있었다. 그리고 스리랑카 정부의 적극적인 불교 보호 정책을 받으면서도 불교가 전 국민적인 지지를 받지 못하고, 나아가 원래 불교를 정신적 지주로 삼고 있는 싱할라 민족도 불교로부터 이탈해 가는 경향이 나타나고 있었다. 그 원인은 다양하게 지적할 수 있겠으나, 쉽게 느낄 수 있는 것은 현재의 스리랑카 불교 승려들의 문제와 타종교의 적극적인 포교활동으로 인한 개종에 있다고 생각되었다.

또한 불교 신자라고 해도 승려에 대한 존경심이 엘리트들일수록 낮은 경향이 있음을 알 수 있었다. 예컨대 필자의 연구지였던 대학의 불교학부 교수의 사고방식은 오늘날의 스리랑카 불교 현상을 잘 나타내 주고 있는 실례라고 볼 수 있을 것이다. 즉 "나는 불교 신자임에 틀림없으나 스님들이나 보리수, 불탑佛塔, 불상佛像 등에 존경심을 가지고 예배치 않는다. 오직 부처님의 가르침을 믿을 따름이다." 다시 말해서 그는 종교로서의 불교가 아닌, 하나의 가르침만을 믿을 뿐이라는 것이다. 이것은 실로 엘리트의 전형적인 태도를 여실하게 나타내고 있는 것이다. 이에 필자는 "불교 신자가 되는 가장 기본적인 자세는 불·법·승 삼보三寶에 귀의歸依함에서부터 시작되는 것이라고 불교 성전에 명확하게 기록되어 있지 않은가?"라고 반문했을 때 그는 말꼬리를 얼버무렸다.

그리고 일련의 5대 논쟁에 관해서도 현재의 스리랑카의 승려들은 거의 관심이 없었다. 그러므로 일부의 승려들을 제외하고는, 당연하겠지만 논쟁이 벌어졌던 장소도 알고 있지 않았다. 오히려 재가 신자 특히 인텔리 층에 속하는 사람들은 대단한 관심을 보였으며, 5대 논쟁지를 선명히 기억하고 있었다. 예컨대 앞에서 거론한 것처럼 국립 도서관장이나 필자의 연구처였던 대학의 중앙 도서관장 등은 이 역사적인 논쟁에 대한 확고한 인식과 불교도로서의 긍지와 자신을 가지고 있었음에는 깊은 인상을 받았다. 이러한 현상은 오늘날 스리랑카 불교 현상을 단적으로 말해 주는 것이라고 할 수 있을 것이다.

한편 스리랑카 불교 교단은 친척이나 부모 형제의 애착을 끊지 못하고 있음에 큰 문제를 안고 있다고 생각되었다. 그리고 이러한 문제는 최근에 시작된 문제가 아닌 것 같다. 이는 영국의 식민지 시절에 불교를 부흥시키려는 운동을 시작한 아나갈리카 다르마 파아라 스님의 어록에서도 확인할 수 있다. 다음은 스님이 창간한 신문 〈싱할라 바웃다야Sinhala Buddhaya〉의 '알아야 하는 진실'이라는 칼럼(1911년) 내용이다.

"비구들이 지금 속히 행하지 않으면 안 될 것은, 그 예전

불교 왕 시대와 같이 불교의 교리와 그 밖의 제반에 걸친 교과를 학생들에게 가르침에 있다. 비구들은 제반에 걸친 학문을 닦지 않으면 안 된다. 비구들은 한 장소에 정착해 머무름을 바라는 마음을 억제하고, 부모나 형제자매 또는 일가친척들에게의 애착을 버리고 지방 각처를 만행을 해, 각처에서 만난 불교 신자들과 친숙하게 말하며, 기독교 선교사들에 의한 위험을 많은 사람들에게 알려야 한다."

이상과 같은 다르마 파아라 스님의 지적과, 필자가 본 오늘날의 스리랑카 불교에 대한 문제의식은 전적으로 동감이다. 스님께서 지적하신 1911년 이래 약 90년이 지난 오늘날에도 그의 지적은, 적어도 필자가 조사한 범위에 한해서는 전혀 변하지 않고 있음을 지적치 않을 수 없다. 이 나라의 불교가 안고 있는 문제들에 대해 내적인 깊은 성찰과, 그에 따른 제도 개혁을 이루지 않는 한 불교국가로서의 스리랑카의 장래는 바라기 어렵지 않겠는가라는 노파심이 앞선다. 그리고 또 이 나라가 불교국가로서 건전한 모습을 지켜 나감으로 인해, 적어도 테라바다 Theravāda, 즉 상좌 불교국 전체의 정신사精神史에 있어서 불교 사상을 정의定義시키는 한 도정道程을 보일 수가 있을 것이다.

이상은 필자가 1997년 짧은 기간이지만 스리랑카 유학에서,

5대 논쟁지에 관한 현지 조사 보고서를 일본의 〈추가이닛보中外日報〉라는 신문에 연재한 것을 가필한 것임을 밝혀 둔다.

참고문헌

- 中村元, 『종교와 사회윤리』, 東京 岩波書店, 1959.
- 中村元, 『불교어대사전』, 東京書籍, 1975.
- 中村元, 『현대 인도사상』, 東京 春秋社, 1997.
- 前田惠學 編, 『현대 스리랑카 상좌불교』, 東京 山喜房佛書林, 1986.
- 파알리문화연구회 편, 『파알리 불교문화 연구』, 山喜房佛書林, 1982.
- 水野弘元, 『파알리어문법』, 山喜房佛書林, 1955.
- 森祖道, 「Panadura논쟁에 대하여」(『日本印度學佛敎學硏究』, 1969)
- 藤吉慈海, 『인도·타이불교』, 東京 大東出版社, 1991.
- 재단법인 대한성서공회 刊 『성경전서』 1960년 번역.
- 『東方』 제3~8호, 東京 財團法人 東方學院, 1987~92년.
- Bhikshu Sangarakshita, Anagarika Dharmapāla: Abiogra-phical Sketh. MahaBodhi Society of India, Diamond Jubilee Souvenir 1891~1951, Calcutta.
- Clovin R. de Silva, "Ceylon under the British Occupation" Colombo 1953.
- J.M. Peebles, "The Great Debate, Buddhism and Christianity, Face to Face" Colombo, 1955.
- T.S. Dharmabandhu, "Pañca Mahā Vādaya", Anula press, Maradana. Sri Lanka, 1956.
- Tennakoon Vimalananda, "Buddhism in Ceylon under the Christian Powers" Colombo 1963.

- Ludowyk, "The Modern History of Ceylon" London, 1966.
- H.R. Perera, "Buddhism in Ceylon" Kandy, 1966.
- G.P. Malalasekera, "Dictionary of Pali proper names" PTS. 1974.
- Kitsiri Malalgoda, "Buddhism in Sinhalese Society 1750~1900" University of California Press, 1976.
- The Bible Sociteties, "Good News Bible" New York, 1976, 1983.
- B.P. Kirthisinghe, M.P. Amarasuriya, "Colonel Olcott His Service to Buddhism" Buddhist publication society, Kandy 1981. Sri Lanka.
- David Barrett, "World Christian Encyclopedia" Oxford University Press, 1982.
- Egaku Mayeda, "Contemporary Buddhism in Sinhalese society" Nagoya Japan, 1982.(20)

석오진 釋悟震

서울 출생. 1986년 동경 고마자와(駒澤)대학 대학원 인문과학 연구과 인도 불교학 전공 석사. 1990년 상기 대학 대학원 박사과정 수료. 1993년 문학박사(불교학). 1997년 스리랑카 국립 페라데니야Peradeniya대학 객원 연구원. 2000년 스리랑카 국립 루후나Ruhuna대학 객원 연구원.

1999년부터 현재 동경대학 동양문화 연구소 강사, 동경 동방학원 강사, 재단법인 동방연구회 연구원, 동경대학 동양문화 연구소 협력 연구원. 일본 인도학 불교학회 평의원.

일본어와 한국어로 출판된 주요 역·저서로『붓다 알면 알수록』,『종교와 사회윤리』,『비교 종교 사상론』,『불교와 인간』,『기독교인가 불교인가 - 역사의 증언』,『불교의 말 삶의 지혜』,『석존과의 대화』,『불교요설要說』,『붓다가 남기고 싶었던 말』,『원시불교와 기독교』등이 있다.

파아나두라 대논쟁

초판 1쇄 발행 2001년 11월 20일 | 개정판 1쇄 발행 2019년 3월 15일
편역 석오진 | 펴낸이 김시열
펴낸곳 도서출판 운주사

      (02832) 서울시 성북구 동소문로 67-1 성심빌딩 3층
      전화 (02) 926-8361 | 팩스 0505-115-8361
ISBN 978-89-5746-541-7 03220   값 13,000원
http://cafe.daum.net/unjubooks 〈다음카페: 도서출판 운주사〉